KB273409

청.소.년.을. 위.한. 강.추. 영.화.

# 이 영화 봤니?

청.소.년.을. 위.한. 강.추. 영.화.

# 이 영화 봤니?

## 목차

# 넋 놓고
# 영화를 보지 맙시다

요즈음 우리 친구들은 태어날 때부터
헐리우드 키드였습니다.
영상은 너무 익숙한 것이기 때문입니다. 사실 태어나면서 처음 접하는
것이 TV와 같은 비쥬얼한 것들, 현란한 광고와 색채들... 매우 자연스럽
게 우리는 영상에 익숙한 세대가 되고만 것입니다.

이제 영화, TV, 게임 등 그 무엇이든지
영상이 없는 것은 상상할 수 없게 되었습니다. 그런데
문제는 그 영상들이 가지고 있는 영향력입니다. 영화로 대표되는 영상속
에는 그 시대의 정신이 숨어 있을 뿐만 아니라 우리에게 매우 강한 영
향력을 주는 새로운 의미의 선생이기 때문입니다. 그래서 보는 순간 모
방하게 되고 배웁니다. 우리의 눈만이 아니라 정신까지 배우게 됩니다.

한 청년이 살인을 했습니다.

그런데 자신의 살인을 은폐하려는 순간 영화 "공공의 적"에서 사체 위에 밀가루를 뿌리던 장면이 생각나더라는 것입니다. 그래서 커피가루를 뿌렸다는 범인의 인터뷰를 들은 적이 있습니다. 자신도 모르게 영화의 장면은 그 사람을 지배하고 있었던 것입니다. 잘 아는 얘기겠지만 영화 "친구"를 보고 수없이 영화가 설명하는대로 칼을 쓰는 법을 연습하고 결국 자신에게 괴롭힘을 주는 반 아이를 한 칼에 찔러 죽인 고등학교 친구의 경우도 같은 관점에서 볼 수 있습니다.

## 우리는 영화나 영상을 그냥 넋놓고 봐서는 안 됩니다.

좋은 영화면 좋지만 나쁜 영화나 잘못된 이미지, 언어 등이 가득한 영상들이 너무 많기 때문입니다. 최소한 옳고 그른 것이 무엇인지를 판단할 줄 아는 능력을 갖추고 있어야 합니다.

## 물론 영화가 가지고 있는 좋은 면도 많이 있습니다.

좋은 영상은 우리에게 하나님을 소개하기도 하고 긍정적으로 우리 마음을 바꾸게 하는 경우도 있습니다. 또 좋은 전도의 소재가 될 수도 있습니다. 그러니까 어떤 의미에서든지 영화나 영상은 중요한 것이 되었습니다.

## 그래서 이 책을 우리 친구들이 영화를 보는 방법을

배우게 하려는 목적을 가지고 정리했습니다. 우선 좋은 영화들을 선정했습니다. 좋은 영화들을 보면서도 기독교적 시각에서 보는 방법을 생각할 필요가 있습니다. 이런 훈련이 영상을 보는 눈이 생기도록 하고, 곧 좋은 비평가적 크리스천이 될 수 있게 만들 것이기 때문입니다.

기도합니다. 이 책을 통하여 우리 청소년 친구들이 새로운 시각을 갖게 되길 기도합니다. 이 책을 내도록 허락하신 나눔사의 성상건 사장님과 편집으로 도운 김인애 자매와 표지 디자인을 해준 안은주 자매에게 감사드리고 기도로 도와준 꿈이있는교회 지체들과 사랑하는 아내 은희, 그리고 뜨거운 열정으로 살아가기 원하는 이 땅의 모든 청소년들에게 이 책을 드립니다.


하정완 목사

# 하나님의 계획을 믿자

# 우리는 이대로 아름답다!

(요한복음 15:1-5)

## 빌리 엘리어트

(Billy Elliot)

모르겠어요. 그냥 기분이 좋아요.
춤을 한번 추기 시작하면 모든 것을
잊어 버려요. 모든 게 사라져
버리죠. 그런 다음엔 내 몸 전체가
변하는게 느껴져요. 몸에서
불꽃이 일어서 새처럼 날아갈 것
같아요. 마치 전기에 감전된
기 분 이 에 요.

**원제_** Billy Elliot
**감독_** 스티븐 달드리
**각본_** 리 홀
**출연_** 제이미 벨, 줄리 월터스, 게리 루이스
**장르_** 드라마
**관람등급_** 12세 이상 관람가
**러닝타임_** 110분

무엇이 우리를 행복하게 만드는가? 이같은 질문에 대하여 사람들은 일반적으로 고정적인 생각을 가지고 있는데, 그것은 세상이 주는 기준들입니다. 물질적으로 풍요롭고, 좋은 학교를 다니고, 세상에서 권력을 얻고 하는 것들 말입니다. 그같은 것들이 주어지면 행복하고 즐거울 것이라고 생각합니다. 그리고 그같은 성공의 기준들을 위하여 살아갑니다. 물론 그 외의 것은 불행한 것처럼 여겨집니다. 과연 행복은 그렇게 평가될 수 있는 것입니까?

## 불행한 시대의 행복

영화 "빌리 엘리어트"의 배경은 1984년 영국 철의 여인 대처수상이 경직된 경제 정책, 특히 광산 구조조정의 여파로 탄광노동조합이 파업시위를 하던 시기를 배경으로 하고 있습니다. 그런 상황에서 빌리의 집안에서는 아버지와 형님이 그 파업에 깊이 휘말려 있었는데, 설상가상으로 빌리의 어머니는 38살의 나이로 먼저 죽었고, 더욱이 할머니의 치매로 집안 전체가 어려움을 겪고 있었습니다. 하지만 아버지(게리 루이스)는 아들 빌리에 대한 뜨거운 기대를 놓치지 않고 있었습니다. 파업의 시기여서 그런지 강력한 노동정책을 바라보면서 힘을 가진 자만이 살아갈 수 있다고 생각해서인지 아버지는 빌리가 튼튼하고 용감하고 사내답게 자라기를 원하였습니다. 그래서 어려운 살림이지만 학원비를 마련하여 권투도장에 보냅니다. 그렇지만 빌리는 이상하게 어머니가 남겨 놓으신 피아노 치는 것을 더 좋아하였고, 결코 권투가 그를 행복하게 하지는 않았습니다.

그러던 어느 날 권투 도장에 있는 빌리에게 새로운 사건이 벌어집니다. 그것은 파업 때문에 장소를 구할 수 없었던 윌킨슨 부인이 발레 수업을 복싱 체육관 한 구석에서 시작하면서 시작되었습니다. 권투연습을 하던 빌리는 이상하게도 권투보다 발레에 관심을 갖습니다. 혼자 샌드백을 치다가도 발레 음악이 들리면 자신도 모르게 권투가 아니라 발레하듯이 샌드백을 치는 자신을 발견합니다. 결국 빌리는 아버지가 주시는 권투 교습비를 발레 선생에게 주면서 아버지 몰래 발레를 배우기 시작합니다.

빌리는 춤만 추면 행복하였습니다. 집안 사정이 힘들고 여러 가지 면에서 고통스러운 상황이었지만 춤은 그를 행복하게 만들었습니다. 빌리의 선생님은 그런 빌리의 모습 속에서 엄청난 가능성을

발견하였고 영국에 있는 왕립발레학교 입학을 위한 오디션을 추진하며 빌리를 훈련시킵니다. 이 사실을 알게 된 아버지가 빌리를 가만히 놔둘 리가 없었습니다. 아버지는 이 모든 것이 어머니의 피아노에서 시작된 것이라 생각하고 부숴서 땔감으로 사용하시고 더 이상 발레를 배우는 것을 허용하지 않으십니다. 그래도 빌리를 막을 수는 없었습니다. 결국 파업이 진행됨으로 우울했던 성탄절 날, 체육관에서 춤을 열정적으로 추고 있는 빌리를 보면서 아버지는 빌리가 발레를 배우는 것을 허락하십니다.

도대체 이같은 빌리의 힘은 어디에서 온 것일까요?
빌리가 왕립예술학교에서 오디션을 받을 때의 일입니다. 빌리가 춘 발레는 고전적인 것이 아니었습니다. 소위 영국의 글램 록에 따라 춤추는 마치 몸부림같은 이상한 춤이었습니다. 더욱이 오디션 후에 대기실에서 있었던 폭력사태 때문에 빌리는 시험에 떨어질 위험에 처해 있었습니다. 그렇지만 너무나 정열적으로 춤을 추었기 때문에 심사위원들로부터 여러 질문을 받게 되었는데, 마지막에 한 심사위원이 이런 질문을 합니다.

빌리가 춤을 추고 싶어하는 것은 인위적인 것이 아니라 매우 자연적이고 태생적인 것이었습니다. 자연적이고 태생적인 것? 물론 그것은 하나님이 우리들 모두에게 주신 자연적이고 태생적인 것이었습니다. 성경은 이것을 은사라고 말합니다.

"은혜의 선물은 여러 가지지만, 그것을 주시는 성령은 같은 성령이십니다. 섬기는 일은 여러 가지지만, 같은 주님을 섬깁니다. 일의 성과는 여러 가지지만, 모든 사람 안에서 모든 일을 이루시는 분은 같은 하나님이십니다. 이 모든 일은 한 분이신 같은 성령이 하시며, 그분은 자기가 원하는 대로 각 사람에게 은사를 나누어 주십니다."

(표준새번역/고전 12:4-6,11)

우리들의 은사가 모두 다른 것처럼 하나님은 우리 안에 다른 은사를 주셨고 다른 모습들을 주셨습니다. 그러니까 우리는 모두 독특하게 지음받은 존재인 것입니다. 그리고 이같이 다른 모습을 갖고 있기에 행복해지는 방법도 좀 다를 수 있습니다. 물론 행복의 핵심은 하나님 안에 거하는 것이지만 우리에게는 각기 독특한 모습과 잘할 수 있는 것을 두셨습니다. 그리고 그것을 발견하고 행할 때 우리는 더욱 행복할 수 있는 것입니다.

빌리도 같은 이해로 볼 수 있습니다. 즉 처음부터 우리 안에 심어두신 것, 그러니까 그동안 감추어 두었던 것이 어느 날 터져 나온 것이었습니다. 그리고 그것이 그에게 기쁨과 희망을 준 것입니다. 그런데 더욱 놀라운 것은 힘있게 춤추는 빌리의 모습에 아버지를 비롯하여 심사위원들마저 자신을 되찾고, 감동을 받고, 생기를 얻습니다.

## 획일화

모든 것이 그렇습니다. 우리가 하나님 안에서 우리를 찾고 행복하게 사는 것이 중요합니다. 그렇게 본래적인 것을 회복하고 사는 모습을 보면서 세상 또한 행복을 얻게 됩니다. 소위 행복 바이러스가 세상을 즐겁게 만든다는 것입니다. 지금은 어떻습니까? 나는 어떻습니까? 행복하십니까? 행복하려면 세상이 말하고 주변사람들이 말하는 기준에 의해서가 아니라 자신을 향한 하나님의 뜻을 묻고 그것을 좇아 사는 것이 필요합니다.

그렇다면 이 시대의 문제는 무엇입니까? 그것은 하나님이 주신 태생적인 것을 거부하고 모든 사람을 획일화시키려는 시도입니다. 세상은 모두를 다 평균을 만들려고 시도합니다. 자세히 살펴보면 어느 누구도 특출하게 다르게 되는 것을 세상은 원치 않습니다. 모든 교육을 보통과 평균에 맞추고 그래서 모든 사람들은 보통 사람이 됩니다. 그래서 우리 나라 대학중 서울대학교 조차 전 세계의 대학들 중에서 중, 하위권을 위치하고 있다는 통계는 당연한 것입니다. 단순히 영어, 수학, 국어로 평가하는 세상이 우리가 살고 있는 세상입니다.

뱁새와 황새가 있었습니다. 뱁새가 볼 때 황새가 너무 우아하고 아름다워 보였습니다. 뱁새는 자신의 다리를 벌려 황새처럼 우아한 다리를 만들려고 시도하였습니다. 뱁새는 계속 황새처럼 긴 다리를 가지려고 계속 다리를 벌리고 찢는 것을 시도했습니다. 그런데 그때부터 비참해졌습니다. 결단코 황새의 다리를 가질 수 없기 때문이고, 될 수 없기 때문에 계속 스트레스는 가중될 것이기 때문이고 결국 끝없는 패배감에 빠져 절망하게 될 것이기 때문입니다. 기억하십시오. 아무리 노력해도 뱁새는 황새의 다리를 가질 수 없습니다. 뱁새는 뱁새로 사는 것이 행복한 것입니다.

세상이 말하는 우등생, 획일화, 성공의 기준은 모두 황새가 되라는 유혹입니다. 그래서 모두 얼굴을 뜯어 고치고, 속이는 굽 높이 신발을 신으며 수없이 시도합니다. 그래도 고칠 수 없습니다. 그래도 얻을 수 없습니다. 그래서 현대인은 모두 비참하고 불행한 것입니다. 그리고 그 비참함은 불행 바이러스를 만들어 온 세상에 전염시키고 있는 것입니다. 그러면 왜 이렇게 살려고 하는 것입니까? 그것은 두말할 것도 없이 하나님께 소망을 두지 않고 자기 욕심에 소망을 두고 세상의 풍조와 흐름에 자신의 몸을 맡기고 살아가기 때문입니다.

예수님이 하신 말씀으로 생각해봅시다. 예수님은 자신은 포도나무이고 우리는 가지라고 말씀하셨습니다. 그렇다면 가지는 반드시 포도나무 줄기에 거할 때 행복하고 열매를 맺게 되어 있습니다. 그런데 어느 날 가지가 멋있어 보이는 사과나무를 보았습니다. 주변에 온통 사과나무였습니다. 사과나무가 진리처럼 성공처럼 보였습니다. 포도나무 줄기지만 사과나무가 되기 위해서 노력하였습니다. 그런데 아무리 노력해도 사과나무가 될 수 없었습니다. 그런데 그때부터 비참해지기 시작하였습니다. 주님은 이렇게 말씀하십니다.

"나는 포도나무요 너희는 가지니 저가 내 안에, 내가 저 안에 있으면 이 사람은 과실을 많이 맺나니 나를 떠나서는 너희가 아무것도 할 수 없음이라." (요 15:5)

"주님을 떠나서는 아무 것도 할 수 없다" 이 말은 우리의 행복은 우리 자신을 다른 기준에 맞춰서 변형하거나 쓸데없는 것에 이끌려 살 때 생기는 것이 아니라는 것을 의미합니다. 우리의 행복은 주님 안에서 우리 자신의 모습을 찾으며 살 때 이루어집니다. 그런 의미에서 우리는 본래적인 모습을 되찾고 특출해질 필요가 있습니다. 영어, 수학은 못하더라도 빌리처럼 춤을 잘 출 수 있고, 서태지처럼 노래를 잘 할 수 있기 때문입니다. 물론 우리 모두가 빌리처럼, 서태지처럼 되자는 말은 아닙니다. 내가 잘하는 것, 즉 좋아하는 것을 하자는 말입니다.

# 진정한 행복

　　우리 교회의 한 형제는 무엇인가를 만드는 것을 좋아합니다. 어느 날 교회의 사무실을 새로 만들면서 전기 공사 중 두 번이나 감전이 되었는데, 재미있다고 말하는 것을 들었습니다. 어떻게 그것이 재미있을 수 있습니까? 또 우리 교회 어떤 자매는 그림 그리기를 좋아해서 교회에 필요한 슬라이드와 포스터 등을 만들면서도 자기 돈과 시간을 들여가며 수고합니다. 재미있어서 그렇답니다. 그들이 세상에서 서태지처럼 최고는 아니지만 행복해 합니다. 그것은 내가 잘하는 일, 내가 좋아하는 일, 정확히 말해서 하나님이 주신 나의 일들을 하기 때문입니다.

　　그러므로 진정한 행복은 무엇입니까? 공부를 잘해서 대학을 가고 좋은 직장을 가는 것입니까? 그렇지 않습니다. 행복은 하나님이 우리에게 주신 삶을 좋아서 살아가는 것입니다. 그러므로 내가 잘하는 것, 내가 좋아하는 것… 그것들이 무엇인지를 찾는 것이 중요합니다. 꽉 눌려 있던 잘못된 교육의 습관과 굴레에서 벗어나 나를 찾는 것이 중요하다는 말입니다.

　　**그래도 빌리는 행복한 아이입니다.** 어쩌면 자기 자신을 잃어버릴 가능성이 많았습니다. 왜냐하면 처음에 가족들이 반대하였고, 가난하고 힘든 광산촌의 아이였으며 설상가상으로 파업으로 인해 바람에 생활고까지 겪고 있었기 때문입니다. 처음에는 반대하였지만 빌리를 이해한 아버지가 있다는 것은 빌리에게는 축복이었습니다. 그리고 또 한가지 축복인 것은 돌아가셨지만 여전히 옆에 있는 어머니 때문입니다. 그 어머니가 남겨 놓은 편지를 빌리는 모두 외우고 있었는데 그 중에 이런 구절이 있습니다.

"네가 내 아들인 것이 자랑스럽다.
항상 네 자신에 충실하렴.
널 영원히 사랑한다"

우리는 늘 자신을 잃어버립니다. 거대한 사회속에서 우리를 상실합니다.
그리고 획일화되어 갑니다. 우리의 개성과 모습은 사라지고 모두 같은 모
습으로 살아갑니다. 그리고 그것이 좋은 것이고 성공한 것이라고 세상에
의해 세뇌당합니다. 그래서 어느 순간 인가 우리는 하나님이 주신 독특성
을 모두 상실한 것입니다. 이상하게 성공하였지만 사람들의 얼굴에는 핏기
가 사라지고 기쁨과 행복은 사라지고 말았습니다. 그것은 당연합니다. 왜
냐하면 하나님의 창조질서를 거역한 것이기 때문입니다. 우리는 인간복제
만을 복제라고 떠들어대지만 어쩌면 모두를 획일화시키려는 것은 우리의
정신을 복제하는 또다른 의미에서 인간복제라고 말할 수 있을 것입니다.

## 자신을 찾아라

하나님은 우리가 우리 자신을 찾기를 원하십니다. 내 모
습 그대로 받으시는 하나님이 원하시는 것은 바로 이것입니다. 간혹 우리
는 한 달란트 받은 자는 두 달란트 혹은 다섯 달란트 받은 자보다 불행하
다고 생각하지만 그렇지 않습니다. 세상은 그렇게 말하고 우리를 미혹하지
만 한 달란트 받은 자도 100% 행복하고, 100% 하나님이 사랑하신다는
사실을 기억해야 합니다. 이제 행복하기를 시도하십시오.

　자기를 찾고 아름다운 발레리나로 성장한 아들의 모습을 보면서 아버지는 깊은 기쁨의 눈물을 흘립니다. 그렇습니다. 이것을 하나님이 원하십니다. 하나님은 우리가 우리 자신을 되찾아 살 때 감격하시고 통곡하십니다. 집을 떠나 살던 탕자가 자신의 자리로 돌아왔을 때 아버지가 잔치를 베푸셨던 것처럼 하나님은 우리의 모습을 되찾고 감사하며 사는 것을 기대하십니다. 그것으로 기뻐하실 것입니다.

　그러므로 아무리 암울한 시대를 만나더라도 우리는 행복할 수 있습니다. 그래서 빌리 엘리어트를 보면서 우리 안에 묻어 놓고 구겨 놓은 자신을 끄집어내고 싶은 마음이 생기는 것이 사실입니다. 나를 찾으라고 말씀하시는 하나님의 음성이 들리는 것인지도 모릅니다. 다른 사람과 비교해서 보잘 것 없어도 하나님이 주신 것임을 잊지 마십시오. 그것을 누리고 자족하며 사십시오. 사도 바울은 평생 고생을 하며 살았습니다. 영화를 누리고 물질적 풍요를 누리며 결혼해서 자식을 낳고 사는 것이 행복이라고 얘기한다면 그는 감사하고 기뻐할 이유가 없었습니다. 그러나 그는 감사하였고 자족한 삶을 살았습니다. 그 비밀은 바로 자신의 모습을 받아들이고 사는 것입니다. 행복은 물질적인 것이 아니라 하나님 안에서 자신을 찾고 사는 것이었기 때문입니다.

비교하지 마십시오.
절대적으로 세상을 바라보시고
하나님을 바라보시고
자족하시고 감사하십시오.
내 모습 그대로
하나님 앞에 나오십시오.

# 하나님 앞에 정직하게

(시편32:1-11)

## 슈렉
(Shrek)

상한 마음(a broken spirit),
그것을 하나님이 기쁘시게
받으십니다 그러므로 무엇이
되려고 하지 마십시오.
무엇을 꾸미려고 하지
마십시오. 숨지도 마십시오.
있는 그대로 나오시면
됩니다. 있 는 그 대 로

**원제_** Shrek
**감독_** 앤드류 아담슨, 비키 젠슨
**각본_** 리 홀
**출연_** 마이크 마이어스, 에디 머피,
　　　카메론 디아즈, 존 리스고우
**각 본_** 테드 엘리엇
**음 악_** 해리 그렉슨―윌리암스,
　　　제임스 맥키 스미스, 존 파웰
**러닝타임_** 90분
**개봉년도_** 2001년

　우리에게 있어서 가장 큰 비극은 자신을 찾지 못한 채 자신을 감추고 위장한 삶을 사는 것입니다. 자신이 드러나는 것이 싫어서 숨어서 사는 것입니다. 그리고 그 자신 속에서 자신의 환상을 좇아서 살거나 자신을 동화 속의 주인공으로 그리며 살아가는 것입니다.

　요즈음 세상에 환타지 소설, 영화들이 인기를 끄는 것도, 배우와 가수 탤런트들이 우상화되는 것도, 현실을 떠나 자신이 만든 왕국 속에서 그들과 함께 있기를 원하기 때문입니다. 영화 슈렉은 그런 우리의 모습을 잘 상징화하고 있는 것 같습니다.

## 우리들의 자화상

　우선 영화 속에 나오는 등장인물들을 살펴봅시다. 그들은 모두 한결같이 문제가 있습니다. 슈렉은 드러난 자신의 흉측한 모습 때문에 괴로워하고 깊은 숲에 모든 이들과 단절된 채 살고 싶어하는 자폐증 환자이고, 불을 뿜는 용의 성에 갇힌 피오나 공주는 자신의 괴물같은 모습은 감춘 채 환상에 빠져 백마를 탄 왕자가 나타나 자신에게 키스할 때 아름다운 공주로 변화할 것에 대한 기대를 품은 전형적인 망상을 가진 공주병 환자입니다. 그리고 성주 파콰드는 자신의 권력을 지키고 왕권을 얻기 위해 애정과는 상관없이 정략적인 결혼을 시도하며 자신의 콤플렉스를 감추기 위해 자신을 위장하는 허풍 갑옷을 입고 높은 성벽을 쌓아 그속에 자신을 감추고 사는 정신이상자입니다.

온통 왜곡된 모습으로 살아가는 이들의 모습은 바로 오늘날 우리들의 자화상이라고 생각합니다. 우리는 늘 피오나 공주의 투덜거리는 음성에 길들여져 있습니다. 자신을 구하러 온 슈렉에게서 진실한 키스를 기대하는 환상에 빠진 채 이렇게 투덜댑니다.

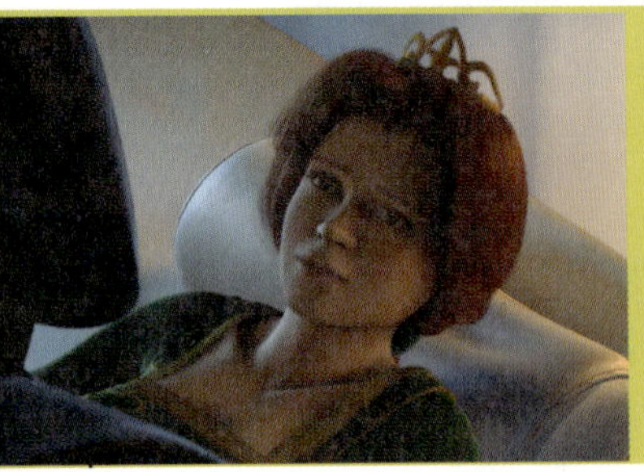


우리는 두 가지 삶의 방법을 택하여 이 세상을 살아갑니다. 하나는 여전히 피오나 공주처럼 자신의 모습은 감춘 채 백마 탄 왕자를 끝없이 기대하며 살아가는 것입니다. 누군가 진실한 사랑으로 입맞춤하면 마녀의 마법이 풀려서 영원히 아름다운 공주로 살아갈 것을 기대합니다. 우리는 신데렐라, 잠자는 숲속의 미녀, 백설공주 등과 같은 동화를 읽으면서 그렇게 기대하며 살아왔습니다. 자기 환상 속에서 사는 삶을 말합니다. 그리고 곧 행복이 올 것이라고 생각합니다. 피오나 공주처럼 자신의 모습을 감추고서 말입니다.

예수님 당시의 바리새인들, 제사장, 서기관 등은 그런 부류의 사람들이었습니다. 자신은 감춘 채 자아도취에 빠져서 산 사람들이었습니다. 그들은 시장에서 손을 들고 소리내어 기도하고, 자신이 금식하고 있으며 하나님을 잘 믿는다고 자랑하면서 살았습니다. 그들도 분명히 백마 탄 왕자, 곧 메시야를 기대하고 있었습니다. 하지만 문제는 자신은 드러내지 않은 채 백마 탄 메시야를 기대하고 있었던 것입니다. 그래서 그들은 참 메시야이신 예수 그리스도가 왔을 때 알아보지 못했습니다.

그것은 당연한 결과입니다. 자신을 감춘 채 빚어낸 왜곡된 메시야 이해가 그런 결과를 만들어낸 것입니다.

여기가 우리가 만나는 첫 번째 문제의 장소입니다. 자신을 감추고, 위장된 선으로 무장하고 환상 속의 주님 혹은 자신의 미래를 기대하는 것, 그것이 우리의 문제입니다.

다른 하나는 슈렉처럼 자신을 감추지는 않지만 아무도 보지 못하는 곳에 숨어서 살아가려 합니다. 그에게는 기대감도 없습니다. 낮은 자존감과 열등감이 자신 속에 가득 채워져 있을 뿐입니다. 그래서 다른 사람에게 자신을 내어 놓지 않고 가두어 놓습니다.

예수님 당시 주님 앞에 나오지 않은 창녀, 세리 그리고 죄인들을 말한 것입니다. 예수님 앞에 나오지 않아 고침받지 못한 수없는 문둥병자들과 나오지 않아 부름받지 못한 수없는 세리와 어부들, 주님께 나오지 않아 구원받고 새 생명을 얻지 못한 셀 수 없이 많은 창녀들과 강도들과 죄인들. 그들은 모두 자신을 감추고 숨어 살던 사람들입니다.

여기가 우리가 만나는 두 번째 문제의 장소입니다. 여기서 우리는 자신의 열등감 때문에 자신을 숨기고 부끄러워하고 저주하는 삶을 살아갑니다. 늘 답답함이 그 자신을 엄습합니다.

피오나 공주처럼 자신을 감추고 위장된 선으로 헛된 신화를 좇아 살든지, 아니면 자신을 드러내지만 그것으로 인해 열등감을 가지고 자신을 팽개친 채 살아가든지 두 경우 모두 회피하고 도망치는 삶의 모습입니다.

# 행복이 없는 이유

이 두 가지 경우 모두는 한 가지 중요한 것을 상실하였습니다. 그것은 진실입니다. 그런데 이 진실을 회복하지 않으면 결단코 행복할 수 없습니다. 피오나 공주와 슈렉의 불행도 같은 이유 때문이었습니다. 그러므로 피오나는 자신이 공주지만 더 이상 대우받을 수 없는 괴물같은 모습의 공주라는 것을 드러내야 했고, 슈렉은 더 이상 숨지말고 열등감에서 헤어나와 자신을 솔직하게 나타내야 하는 것이 필요했습니다. 둘 다 진실해야 했습니다. 하지만 진실은 고통이었습니다.

많은 사람들은 진실이 필요하다는 것을 압니다. 그럼에도 불구하고 진실을 추구할 수 없습니다. 이유는 간단합니다. 그것은 자신을 드러내야 하는 일이고, 그것은 동시에 고통스러운 일이기 때문입니다. 그들은 싸워야 했습니다.

우리도 자신을 드러내지 않습니다. 그래서 다윗은 자신이 밧세바를 범하는 더러운 일을 행했을 때 감추어지기를 바랐습니다. 최소한 일년 이상 다윗은 그 사실을 숨겼습니다. 그리고 아무런 일도 없었던 것처럼 살았습니다.

하지만 다윗이 모르고 있는 것이 있었습니다. 감추고 사는 것은 더욱 행복하지 않다는 사실이었습니다. 그렇습니다. 진실이란 떡을 먹고 살지 않는다면 우리는 행복할 수가 없습니다. 시편 32편은 다윗이 밧세바 사건을 염두에 두고 쓴 것으로 여겨집니다. 그가 죄를 감추었을 때 자신 안에 생긴 불행에 대하여 이렇게 고백합니다.

> "내가 토설치 아니할 때에 종일 신음하므로 내 뼈가 쇠하였도다. 주의 손이 주야로 나를 누르시오니 내 진액이 화하여 여름 가물에 마름 같이 되었나이다(셀라)." (시 32:3-4)

다윗의 행복은 나단 선지자가 밧세바 사건을 책망하는 것을 듣고 진실을 가지고 하나님 앞에 자신을 드러냈을 때 찾아왔습니다. 그것은 싸움이었습니다.

## 부서진 할렐루야

영화 슈렉를 이해하기 위하여 반드시 놓치지 말아야 할 노래가 있는데, 그것은 영화 속에서 슈렉이 피오나 공주를 보내고나서 자신의 음침한 집에서 괴로워할 때 흘러나온 노래 "할렐루야"입니다. 이 노래는 루퍼스 웨인롸이트(Rufus Wainwright)가 부른 것인데 다윗의 싸움에 대하여 노래하고 있습니다. 목욕하고 있던 밧세바 때문에 부숴진 왕좌

와 무너진 행복에 대하여 노래하고 있습니다. 다윗이 밧세바를 범하는 순간부터 그 입술에서 하나님을 찬양하는 노래는 상실되고 만 것이었습니다. 그런데 그의 회복이 어디에서 시작된지 아십니까? 이 노래는 이렇게 말합니다.

다윗이 연주했던 은밀한 노래가 있었다고 들었어
그 노래는 주님을 기쁘게 했지
그 노래가 듣고 싶지 않니? 그 노래를 소개할께
(I've heard there was a secret chord that David played,
and it pleased the Lord
But you don't really care for music, do you?)

…

지붕 위에서 너는 그녀의 목욕하는 모습을 보았어
그녀의 달빛에 비친 아름다움은 너를 사로잡았지
그녀는 너를 묶어버렸고 왕좌를 부수었고
너의 머리칼을 잘랐어
무엇보다 너의 입에서 할렐루야를 빼앗아 갔어
(You saw her bathing on the roof
Her beauty and the moonlight overthrew you
She tied you to a kitchen chair

<u>She broke your throne</u>
<u>And she cut your hair</u>
<u>And from your lips she drew the Hallelujah)</u>
<u>…</u>

<u>이젠 더 이상 사람에게 환심사는 노래를 하지 않아</u>
<u>그 노래는 단순한 외침이 아니야</u>
<u>그 노래는 차가우며 상처입은 할렐루야이지</u>
<u>(And all I ever learned from love</u>
<u>Was how to shoot at someone who outdrew you</u>
<u>It's not a cry you can hear at night</u>
<u>It's not somebody who's seen the light</u>
<u>It's a cold and It's a broken Hallelujah )</u>

그렇습니다. 하나님이 행복하게 여기시는 할렐루야는 심각한 범죄 앞에서 혹은 자신이 발가벗겨지는 고통 앞에서 자신을 피하지 않고 하나님 앞에 서는 찬양이었습니다. 그렇지만 그 할렐루야는 자신의 죄를 묵상하고 진실로 서는 노래이기에 어쩌면 기쁘지도 않고 어쩌면 즐겁지도 않은 "부숴진 할렐루야"(a broken Hallelujah)입니다.

그런데 하나님은 자신을 드러내면서 부르는 노래를 기뻐하시는 것입니다. 그것은 우리가 진실 앞에서 싸움하며 상처를 입었지만 진실로 서 있는 찬양이기 때문입니다. 그래서 다윗은 이어 이렇게 고백합니다.

"내가 이르기를 내 허물을 여호와께 자복하리라 하고 주께 내 죄를 아뢰고 내 죄악을 숨기지 아니하였더니 곧 주께서 내 죄의 악을 사하셨나이다(셀라). 이로 인하여 무릇 경건한 자는 주를 만날 기회를 타서 주께 기도할찌라. 진실로 홍수가 범람할찌라도 저에게 미치지 못하리이다. 주는 나의 은신처이오니 환난에서 나를 보호하시고 구원의 노래로 나를 에우시리이다. (셀라)"(시 32:5-7)

**그때 다윗은 진실로 행복할 수 있었습니다.** 우리를 드러내고 하나님 앞에 사는 것은 정말 고통입니다. 하지만 그 고통은 영원한 행복을 우리에게 허락합니다. 그래서 다윗은 이렇게 찬양합니다.

"허물의 사함을 얻고 그 죄의 가리움을 받은 자는 복이 있도다. 마음에 간사가 없고 여호와께 정죄를 당치 않은 자는 복이 있도다."(시 32:1-2)

자신을 드러내고 찾아간 슈렉에게 피오나 공주도 자신을 고백하며 서로를 만납니다. 그리고 진실한 사랑으로 슈렉은 피오나 공주에게 키스를 합니다. 하지만 피오나 공주는 아름다운 공주로 변화되지 않습니다. 물론 겉 모습만 변화하지 않은 것입니다. 피오나 공주는 이미 아름다운 공주였습니다. 외모보다 더 아름답게 건강하게 진실한 자아로 무장된 아름다움이 있었습니다. 그것은 자신을 드러냄으로 얻은 진실한 아름다움(a broken Hallelujah)이었습니다. 그래서 진실한 사랑을 만나고도 자신의 외모가 변화되지 않은 모습을 보면서 이상하다고 말하는 피오나 공주에게 슈렉은 "당신은 아름다워"라고 외친 것입니다. 정말 아름다운 피오나 공주의 내적인 자아를 보았기 때문입니다.

우리는 여기서 알아야 합니다. 우리들의 지금 그대로가 이미 완벽하게 하나님이 창조하신 아름다움이라는 것을 말입니다. 그러므로 우리가 변화할 것은 없습니다. 우리의 원래 모습을 찾으면 됩니다. 원래의 모습으로 다시 변화되는 것만 남아 있을 뿐입니다. 진실로 필요한 변화는 외적인 변화가 아니라 내적 자아의 변화, 하나님이 창조하신 원래 모습의 회복이기 때문입니다. 진실과 정직으로 무장된 내적 자아의 변화입니다. 그것이 가장 아름다운 것이기 때문입니다. 비록 우리의 찬양이 우리의 깨어진 모습 때문에 "a broken Hallelujah"가 될 수 있겠지만, 그 찬양이야말로 하나님이 가장 기뻐하시는 찬양임을 알아야 합니다

무엇을 인위적으로 만들려거나 위장하고 꾸미려고 하지 마십시오. 깨어졌지만 상했지만 이 모습 그대로를 드리는 일을 하십시오. 이 사실을 알고 있었던 다윗이 시편 51편에서 이렇게 말합니다.

"하나님의 구하시는 제사는 상한 심령이라 하나님이여 상하고 통회하는 마음을 주께서 멸시치 아니하시리이다." (시 51:17)

상한 심령(a broken spirit), 그것을 하나님이 기쁘시게 받으십니다. 그 깨어진 심령에서 나온 진실한 노래를 하나님은 즐거워하십니다. 그러므로 무엇이 되려고 하지 마십시오. 무엇을 꾸미려고 하지 마십시오. 숨지도 마십시오. 있는 그대로 나오시면 됩니다.
있는 그대로.

# 노을을 생각해보세요
## (전도서 11:6-10)

## 홀랜드 오퍼스
### (Mr. Holland's Opus)

"그래 맞아. 연주란 즐거워야
하는 거야. 연주는 가슴으로
하는거야. 느낌이 와야 하지.
사람을 감동시키는
어떤 아름다움은
살아있는거야.
그것은 악보에 적혀있지 않거든."

**원제_** Mr. Holland's Opus
**감독_** 패트릭 션 던컨
**각본_** 리 홀
**출연_** 리차드 드레이퓨스, 글렌 헤들리, 올림피아 듀카키스,
알리시아 위트
**장르_** 드라마
**제작국가_** 덴마크
**관람등급_** 연소자 관람가
**러닝타임_** 130분

하나님이 우리 인생을 어떻게 생각하실까요? 하나님은 우리가 어떻게 살기를 원하실까요? 생활 때문에 음악 교사가 되었지만 교사로서는 전혀 적성이 맞지 않는다고 생각하는 글렌 홀랜드 선생, 언니가 줄리아드 장학생이고, 오빠는 미식축구 장학생, 그래서 열심히 클라리넷을 불지만 조금도 변화되지 않고 짜증나서 죽고 싶은 소녀 랭, 그리고 자신들이 좋아하는 음악은 록큰롤인데 지루한 바하나 베토벤의 음악을 들어야 하고 공부해야 하는 짜여진 삶의 학생들... 온통 세상은 자신이 원하는대로 흘러가지 않는 것뿐입니다. 하나님은 우리가 어떻게 살기를 원하실까요? 이처럼 죄송하지만 힘든 삶을 살기를 원하시는 것일까요? 이런 삶이 하나님이 디자인한 삶일까요?

# 물고기처럼 자유로워지고 싶다

지난 2004년 12월 8일 천안에서는 맞벌이 부부의 아들인 초등학교 5학년생이 자신의 방 베란다에서 보이스카우트용 흰색 끈에 목을 맨 채 숨져 있는 것이 발견되어 충격을 주었습니다. 그런데 그 아이가 남긴 일기장에는 참 마음 아픈 글들이 발견되었는데, "내가 왜 학교와 학원을 오가며 어른보다 더 공부를 해야 하는지 이해할 수 없다... 죽고 싶을 때가 많다. 어른인 아빠는 (이틀 동안) 20시간 일하고 28시간 쉬는데 어린이인 나는 27시간 30분 공부하고, 20시간 30분을 쉰다. 왜 어른보다 어린이가 자유시간이 적은지 이해할 수 없다... 숙제가 태산같다. 열한장의 주말과제, 열네장의 수학숙제, 난 그만 다니고 싶다... 물고기처럼 자유로워지고 싶다"고 적혀 있었습니다.

이런 삶이 하나님이 디자인한 삶일까요? 단연코 그렇지 않습니다. 이같은 삶이 하나님이 디자인한 삶이 아니란 것을 알면서도 우리는 열심히 이같은 삶을 살려고 애를 씁니다. 그런데 더 큰 문제는 아무리 열심을 내어도 변화되지 않을 때입니다. 정말로 열심을 내면 우리가 변화되고 만족할만한 결과물이 나옵니까?

영화 속에 나오는 여학생 랭처럼 입이 부르트도록 연습을 한다고 해서 무엇인가가 됩니까? 아니, 무엇이 되지 않더라도 행복합니까?

## 아무리 해도 안 되는 이유

무엇인가 노력해도 되지 않을 때 우리는 우리 자신에 대하여 화가 납니다. 자신이 미워집니다. 그리고 급기야 절망에 이르게 됩니다. 5학년 어린아이의 자살은 자신이 미워졌기 때문입니다. 자유롭지 못한 자신이 싫어졌기 때문입니다. 아무리 노력해도 안 되었기 때문입니다. 그렇다면 아무리 노력해도 안 되는 이유는 무엇입니까? 여학생 랭은 죽고 싶었습니다. 자신에 대하여 분노하던 랭이 결정한 것은 클라리넷을 부는 것을 그만두는 것이었습니다. 그런 랭에게 홀랜드 선생은 썩 노래를 잘하는 것도 아닌 한 가수의 단조롭게 반복하는 노래를 들려주면서 그 느낌을 물어봅니다.

"노래도 못하고
하모니 감각도 전혀 없어.
똑같은 코드만 반복하지만
난 좋아해. 이유가 무엇일까?"

"재미있어서요"

아무리 노력해도 안 되는 이유는 그것이 즐겁지 않기 때문입니다. 나의 가슴과 머리가 따로 움직이는 일이기 때문입니다. 이 세상에서 어쩔 수 없어서, 현실이니까 할 수 없이 하는 일이기 때문입니다. 그래서 아무리 노력해도 안 되는 것입니다. 예를 들어 음악에는 전혀 소질이 없는 사람이 음악을 공부할 수는 있지만 그것으로 삶의 수단을 삼아야 한다면 그것은 지옥같은 일일 것입니다.

더욱 중요한 것은 우리가 살아야 할 날이 그렇게 많지 않다는 것입니다. 그것을 솔로몬은 말년에 쓴 전도서에서 지적하였습니다.

"오래 사는 사람은 그 모든 날을 즐겁게 살 수 있어야 한다. 그러나 어두운 날들이 많을 것이라는 것도 기억해야 한다. 다가올 모든 것은 다 헛되다." (표준새번역/전 11:8)

솔로몬이 하고 싶었던 이야기는 "모든 것은 다 헛되다"는 인식이었습니다. 설령 내가 하고 싶은 일을 하면서 살았던 솔로몬도 하고 싶은 일을 하면서 살았지만 그래도 헛되었다고 고백하고 있는 것입니다. 그

러나 이처럼 헛된 것이 가득한 세상이기 때문에 솔로몬이 하고 싶은
이야기는 두 가지입니다. 하나는 가슴이 뜨거워지는 것을 하면서 살라
는 것입니다.

"젊은이여, 젊을 때에, 젊은 날을 즐겨라. 네 마음과 눈이 원
하는 길을 따라라." (표준새번역/전 11:9; Be happy, young man,
while you are young, and let your heart give you joy in the days of your
youth. Follow the ways of your heart and whatever your eyes see)

"Follow the ways of your heart" 네 가슴을 뜨겁게 하는 것을 좇
아서 살아라! 솔로몬이 하고 싶은 얘기였습니다. 영화로 돌아가서 홀랜
드 선생은 랭을 회복시키기 위하여 가장 좋아하는 것이 무엇인지를 묻
습니다.

"네 모습 중에서 어디가
제일 마음에 들지?"
"머리요." / "왜?"
"아빠는 내 머리가
마치 노을 같대요."
"그럼 눈을 감고
노을을 노래해."

## 노을을 노래해

랭처럼 우리도 내가 가장 좋아하는 것, 나를 행복하게 하는 것을 생
각해볼 필요가 있습니다. 한번 지금 눈을 감고 우리 인생을 행복하게

하는 노을을 생각해보시기 바랍니다. 나의 가슴을 뛰게 하고 나를 행복하게 하는 것을 생각해보시기 바랍니다. 그것을 기대하며 그리며 살아가고 계획하시길 바랍니다.

물론 주의사항이 있습니다. 무조건 마음을 따라 살아서는 안 됩니다. 그러니까 우리 가슴을 뛰게 하는 것을 생각하며 살아가되, 조심할 것이 있다는 말입니다. 그것이 무엇일까요? 솔로몬은 이렇게 말합니다.

"젊은이여, 젊을 때에, 젊은 날을 즐겨라. 네 마음과 눈이 원하는 길을 따라라. 다만, 네가 하는 이 모든 일에 하나님의 심판이 있다는 것만은 알아라." (표준새번역/전 11:9)

하나님의 심판이 있다! 그러니까 하나님을 기억하라는 뜻입니다. 내 가슴을 뛰게 하는 일을 해야 하지만 하나님을 기억하면서 하나님의 통치 아래에서 행동하라는 얘기였습니다. 그래서 솔로몬은 정말로 하고 싶은 이야기를 이어서 합니다. 그것은 하나님을 기억하라는 이야기였습니다.

"너는 청년의 때 곧 곤고한 날이 이르기 전, 나는 아무 낙이 없다고 할 해가 가깝기 전에 너의 창조자를 기억하라."

(전 12:1)

정말로 하고 싶은 일, 나의 마음을 뜨겁게 하는 일들을 찾으십시오. 나를 버리지 마십시오. 하지만 늘 하나님을 생각하시고 하나님 안에서 시작하시고 일하십시오. 무엇이 마음을 뜨겁게 합니까? 내가 하고 싶은 일인가요? 하나님이 주신 미래를 향한 계획인가요? 혹시 어머니가 마음을 뜨겁게 합니까? 좋습니다. 그것을 하십시오. 그러나 하나님을 생각하고 하나님의 통치 아래에서 하나님의 영광을 위해서 시도하십시오.

왜 그렇게 하나님을 생각하면서 해야 합니까? 분명히 하나님은 우리가 즐거워하는 일을 하기 원하십니다. 하지만 이것을 기억하십시오. 하나님을 생각하지 않는 일, 하나님의 통치를 받지 않고 하는 일은 나 자신만 즐겁게 하는 일... 결국은 헛되다는 것을 발견하게 될 것이라는 사실 말입니다. 솔로몬처럼 말입니다. 그래서 솔로몬이 말하는 것입니다. 우리가 원하는, "가슴이 뛰는 일을 해라. 하지만 하나님의 심판을 기억하면서 하라."고 말하고 있는 것입니다.

## 하고 싶지 않은 것도 해보라

하나님을 생각해야 하는 또 다른 이유는 간혹 우리는 우리의 얄팍한 육체의 욕심을 따라서 하는 것을 내 가슴이 정녕 원하는 것이라고 오해할 때가 있기 때문입니다. 서로 사랑하는 남녀가 죽고 못산다고 난리입니다. 그런데 어느 날 그렇게 사랑한다고 얘기하다가 언제 그랬냐는 듯이 바뀌는 경우를 보게 됩니다. 그렇게 되는 이유는 우리 육체를 따라서 행동했던 것이기 때문입니다. 그것은 세상이 말하는 기준과 세상 정신에 사로잡혀서 내 자아가 진정 원하는 것은 잊어버리고 세상에 쇄뇌당했기 때문입니다.

그러면 어떻게 해야할까요? 가끔은 내가 하고 싶지 않은 일도 해보십시오. 내가 하고 싶지 않은 공부도 해보십시오. 홀랜드 선생이 참 재미있는 이야기를 합니다.

"15살때부터 늘 가던 레코드 가게가 있었지. 하루는 가게 아저씨가 자신이 좋아하던 앨범 '존 콜트란'을 줬는데... 전축에 넣고 듣는데 짜증이 났어. 하나도 모르겠더라고. 그래도 난 반복해서 들었지. 그랬더니 계속 듣게 되더군. 드디어 이해하게 되었지. 그때 앞으로 내 일생동안 할 일을 결정하였지. 작곡말이야"

　　제가 초등학교 6학년 시절 제일 싫어하던 것이 글짓기였습니다. 지금도 잊을 수 없습니다. 충무공일기장에 일기를 쓰고 매일 아버지께 검사를 맡고 매을 맞던 일, 매일 일기 내용이 "아침에 일어났다. 친구들과 놀다가 집에 들어와 잤다." 이런 수준이었으니까 말입니다.

　　우연히 교회학교 고등부 회장 시절 권두시를 베껴서 쓰던 것을 시작으로 하여 데이트하면서 수천 통의 편지를 가슴의 열정을 담아 시로 써서 여자 친구(지금의 아내)에게 전해주었는데, 어느날 제가 시인이 되어 있었습니다. 그리고 지금은 글쓰기가 제가 가장 사랑하고 저를 살게 하는 것이 되고 말았습니다.

　　**가슴을 뛰게 하는 일을 위하여 사십시오.** 하지만 청소년 시절, 하나님을 생각하면서 가슴이 뛰는 일을 하십시오. 그것은 간혹 내게는 즐거워보이지 않는 일이라도 한번 시도해보는 것과도 관계가 있습니다. 그것이 하나님을 향한 겸손의 또 다른 모습이기 때문입니다. 그리고 어느 날 우리가 정말로 쓸모있는 사람이 되어 있을 것을 기대하십시오. 현재의 벽을 넘어서 하나님이 쓰시는 정말로 쓸모있는 사람이 되어 있는 것 말입니다. 홀랜드 선생이 은퇴하던 날, 그 앞에 선 늠름한 랭처럼 말입니다. 그같이 우리가 세상적으로 무엇인가 알아주는 사람이 되지 않아도 우리는 무엇인가 이룬 행복한 사람이 되어 있을 것입니다.

# 믿음은 기적을 일으킨다

(출애굽기 2:23-25)

## 이집트 왕자
(The Prince Of Egypt)

믿음은 기적을 일으키죠
우리의 희망이 보잘 것
없어보여도 믿음 때문에
위대하게 되는 거죠
당신이 무엇을 이룰지
누가 알겠어요
믿음으로 우리는 무엇이든
이룰 수 있지요.

**원제_** The Prince Of Egypt
**감독_** 브렌다 샤프먼, 스티브 히크너, 사이먼 웰스
**출연_** 산드라 블록, 랄프 파인즈, 대니 글로버
**장르_** 가족,애니메이션,모험
**개봉년도_** 1998년 12월 19일
**관람등급_** 전체 관람가
**러닝타임_** 99분

'이집트 왕자'는 출애굽기를 가지고 애니메이션으로 만든 작품입니다. 특히 이스라엘 민족이 430년동안 그 당시 최고의 국가인 이집트 곧 애굽에서 노예로 살던 삶에서 자유인으로 탈출하는 엑소더스(Exodus)를 배경으로 하고 있습니다.

사실 처음 요셉이 애굽으로 이주했을 때 이스라엘 민족은 애굽의 2인자인 총리대신 요셉의 힘을 얻어 행복한 삶을 살았습니다. 그때는 외국인인 힛타이트 족속이 애굽을 점령하여 15-16대왕조를 이끌었을 때였습니다. 하지만 150년 동안 이어졌던 외국인의 통치 시대가 아모시스에 의해 종결되고 그가 제 18왕조를 열면서 외국인이었던 이스라엘은 노예로 전락하게 된 것입니다. 사실 노예가 되었다는 것은 더 이상 헤어나올 수 없는 상황을 말합니다.

## 기적을 일으키는 믿음

어떤 의미에서 우리가 살고 있는 상황을 이 노예 상황으로 설명할 수 있을 것입니다. 우리는 세상이 말하는 규격에 의해 통제되고 있습니다. 학벌, 외모, 경제적 위치 등 그것의 많고 적음에 따라 우리의 존재 자체가 평가되고 있습니다. 벗어날 수 있습니까? 없습니다. 상대적 평가 시대이기 때문입니다. 50명이 모이는 반 아이들은 반드시 1등에서 50등까지 순서를 매겨야 하기 때문입니다. 언제나 열등하고 낮은 자존감을 가질 수 밖에 없는 노예적 구조입니다. 이런 세상을 이길 수 있는 방법은 무엇입니까?

이런 관점에서 믿음을 얘기하고 싶습니다. 믿음은 무엇입니까? 성경은 믿음을 이렇게 정의하고 있습니다.

"믿음은 바라는 것들의 실상이요 보지 못하는 것들의 증
거니"(히 11:1)

쉽게 얘기해서 아직은 이루어지지 않은 희망사항
에 불과하지만 믿음을 가질 때 그것은 실제가 된다는 말입니다.
참 기막힌 얘기입니다. 그렇다면 왜 이것이 가능한 것입니까? 믿음은
한 가지를 전제하고 있습니다. 그것은 하나님이 존재하신다는 전제입
니다. 온 우주 만물을 창조하셨고, 이 세상을 다스리시는 분이라는 전
제입니다. 이것을 인정한다면 믿음은 쉽습니다. 믿음은 제한적이고 결
핍된 인간이 하나님의 힘을 갖게 된다는 것을 말합니다. 그래서 성경
은 믿음에 대한 말씀을 참 많이 하고 있는데, 대표적인 이야기 하나를
소개하면 이렇습니다. 귀신들린 아이 때문에 속상해했던 어떤 아버지
가 예수님께 나왔습니다. 그는 예수님께 "무엇을 하실 수 있거든" 불
쌍히 여기사 도와달라고 요청합니다. 그때 예수님이 믿음이 무엇인지
를 설명하는 이야기를 하십니다.

"예수께서 이르시되 할 수 있거든이 무슨 말이냐 믿는 자
에게는 능치 못할 일이 없느니라."(막 9:23)

이처럼 불가능한 것이 가능한 이유는 하나님을 믿을 때 우리가 그냥
보통 인간이 아니라 하나님의 자녀로 회복되기 때문입니다. 그러므로
프란시스 쉐퍼의 말을 빌리자면 자연적인 존재로 폐쇄된 상태에서 살
던 우리가 새롭게 개방된 세계로 나아가게 된 것입니다. 소위 기적이
시작된 것입니다.

# 믿음이 실제가 되는 이유

　그런데 문제는 우리가 그런 믿음의 단계로 나아가지 못한다는 것입니다. 그래서 기적에 이를 수가 없는 것입니다. 이와같은 이유의 핵심은 무엇입니까? 가장 중요한 이유는 믿음으로 구하지 못하기 때문입니다. 이 말은 우리가 구하기 시작할 때 기적은 시작되는 것입니다. 영화 이집트 왕자에서도 표현된 것처럼, 이스라엘의 출애굽의 시작도 바로 이스라엘이 기도할 때 시작된 것입니다.

　구하지 않는다는 말은 하나님을 인정하지 않는다는 말이거나 자신을 의지하고 있다는 것을 말합니다. 하나님을 믿으십니까? 그렇다면 가장 중요한 권세인 기도하는 것을 놓치지 마십시오. 이스라엘의 출애굽도 마찬가지입니다. 430년동안의 이스라엘의 출애굽 시작은 영화에서 보는 것처럼 간구에서부터 시작되었습니다. 성경은 이렇게 쓰고 있습니다.

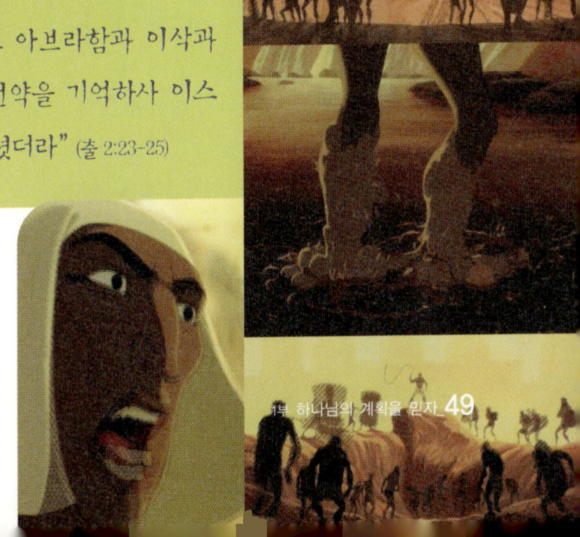

"여러 해 후에 애굽 왕은 죽었고 이스라엘 자손은 고역으로 인하여 탄식하며 부르짖으니 그 고역으로 인하여 부르짖는 소리가 하나님께 상달한지라 하나님이 그 고통 소리를 들으시고 아브라함과 이삭과 야곱에게 세운 그 언약을 기억하사 이스라엘 자손을 권념하셨더라" (출 2:23-25)

입을 중얼거리는, 매우 보잘 것 없어 보이지만 그 기도가 이루어지
는 것은 하나님이 계시기 때문이고, 또한 듣고 계시기 때문입니다. 더
욱이 믿음으로 우리가 하나님의 자녀가 되었기 때문에 우리의 신음소
리도 하나님은 듣고 계신 것입니다. 그래서 하나님은 이 놀라운 출애
굽의 인도자로 모세를 사용하시는데, 이스라엘의 기도 곧 신음소리같
은 기도에 대한 응답이었습니다.

> "나는 내 백성이 에집트에서 학대받는 것을 똑똑히 보았고 또
> 그들의 신음소리도 들었다. 그래서 나는 그들을 구해내려고
> 내려 온 것이다. 자, 가거라. 내가 너를 에집트로 보낸다."
>
> (공동번역/행 7:34)

기도하고 있다면 이제 믿어야 할 것이 있습니다. 그
것은 하나님이 일하실 것에 대한 기대감입니다. 그런데 우리가 매번
놓칩니다. 매번 절망합니다. 이유는 우리의 기도에 대한 응답이 많은
경우 우리가 예견할 수 없는 보잘것없는 것들의 옷을 입고 있을 때가
많기 때문입니다. 영화에서 보듯이 이스라엘을 회복시키는 계획, 소위
기도의 응답은 한 유대인의 갓난 아이였을 뿐입니다.

## 미리 준비하시는 하나님

영화에서 나오는 어머니와 형의 기도 이야기는 성경에는 없습니다.
유추해서 만든 것입니다. 하지만 분명한 것은 그들이 기도했다는 것이
분명하고 그 기도의 응답이 모세라는 것도 분명합니다. 그런데 여기서
알아야 할 매우 중요한 것이 있습니다. 그것은 하나님은 우리가 기도
하기도 전에 계획하고 계시다는 사실입니다. 성경을 보면 매우 재미있
는 표현이 등장합니다. 그것은 출애굽기 2장에 모세의 탄생과 미디안
으로의 도주 기록이 적혀 있습니다. 그리고 이스라엘의 탄식하며 부르

짖는 기도의 모습은 2장 23절 "여러 해 후에"라는 표현 이후에 나옵니다. 그러니까 이스라엘이 부르짖기도 전에 하나님은 모세를 준비시킨 것입니다. 이미 모든 것을 다 준비해 놓았던 것입니다. 사실 하나님은 그렇게 준비하십니다. 그래서 예수님은 기도에 대한 말씀을 하실 때 "구하기 전에 너희에게 있어야 할 것을 하나님 너희 아버지께서 아시느니라."(마 6:8)고 피력하십니다.

그러므로 기도는 우리의 다짐이고, 우리의 행동하는 선언임을 알 수 있습니다. 그리스도 안에서 하나님의 자녀가 된 우리의 믿음 선언으로부터 우리는 새로운 세상의 문으로 걸어가게 되는 것입니다.

우리는 늘 신앙이라는 차원조차도 세속적인 기준이나 세계관에 의해 이해하려고 합니다. 그러나 성경은 그렇게 움직이지 않습니다. 모세, 애굽의 왕자였고 유대인이라는 자신의 정체성을 알고 난 후인 40세 때 그는 의분을 가지고 자신의 동족을 위한 삶을 실행에 옮깁니다.

성경은 모세가 고역 중에 유대인 자기 형제를 치는 것을 보고 애굽사람을 죽이는 매우 강한 열혈청년의 모습도 보입니다. 그런데 이상한 것은 하나님이 그 시절의 모세를 사용하지 않고 40년의 광야 생활을 통해 이젠 무엇을 할 수 없는 나이인 80세가 되었을 때 하나님이 모세를 사용하셨는지를 깊이 생각해야 합니다. 알아야 합니다. 하나님이 일하시는 것은 능력 있는 사람을 통해서만 일하는 것은 아니라는 점을 알아야 합니다. 하나님이 일하시는 핵심은 믿음입니다. 그 믿음으로 기도하는 것이 바로 하나님이 일하시는 시작점인 것입니다.

　　그러므로 출애굽은 바로 기도의 역사였습니다. 영화
는 모세의 누이와 어머니의 기도로 묘사되고 있지만 출애굽의 뒤에는
기도가 있었던 것입니다. 그 믿음이 기적을 일으킨 것입니다. 드디어
바로의 굴복을 받아내고 출애굽하게 될 때 나왔던 OST를 소개
하고 싶습니다.

많은 밤을 우리는 기도했죠
분명한 증거가 보이지 않았어도
잘 이해할 수 없었지만 마음 속 흐르는
희망의 노래를 들었기 때문이죠
그래서 비록 많은 두려움이 있다는 걸
알지만 절망하지 않는 거죠
우리가 미처 알지 못했던
오래 전부터 산이라도 옮길 수 있던 것이었기에

믿음은 기적을 일으키죠
우리의 희망이 보잘 것 없어보여도
믿음 때문에 위대하게 되는거죠
당신이 무엇을 이룰지 누가 알겠어요
믿음으로 우리는 무엇이든 이룰 수 있지요

이렇게 두려움이 가득한 시기에
기도가 헛된 것으로 증명되는 것처럼 느껴져요
그때 희망은 여름 철새들처럼
너무도 빨리 날아가는 것처럼 보이지만

내 가슴에는 설명할 수 없는
무엇인가로 가득 차 있어요
예전에는 생각할 수도 없었던
믿음과 기도로 말이에요

믿음은 기적을 일으키죠
우리의 희망이 보잘 것 없어보여도 믿음 때문에
위대하게 되는 거죠
당신이 무엇을 이룰지 누가 알겠어요
믿음으로 우리는 무엇이든 이룰 수 있지요

우리가 구한 것들이
항상 모두 이루어지는 것은 아니죠
다가온 두려움이 쉽지 않다고 말할지도 몰라요
하지만 고통으로 앞이 캄캄할 때
세찬 빗줄기로 앞이 보이지 않을 때
여전히 들려오는 세미한 구원의 음성이
사랑이 곁에 있다고 속삭일 거에요

# 자신을 깨워라

일본의 노벨상 후보자인 무라카미 가즈오의 "잠자는 유전자를 깨워라"를 읽어보면 우리 안의 유전자 97%가 잠자는 상태에 있다고 말하면서 그것을 깨워야 한다고 주장합니다. 그것이 깨워지기만 한다면 우리는 놀라운 능력을 발휘할 수 있답니다. 그런 의미에서 천재와 바보는 차이가 없다고 주장합니다. 문제는 잠자는 유전자들을 활동하게 하는 것이 핵심입니다. 재미있는 것은 이 유전자들이 잠자고 있다가도 다른 환경에 부딪히면 기다렸다는듯이 활발하게 움직이기 시작한다는 것입니다. 특히 무라카미 가즈오는 긍정적인 생각을 강조합니다. 단순히 긍정적인 생각만으로도 우리 유전자를 깨우며, 그 잠에서 깬 유전자는 우리가 상상도 못하는 놀라운 힘을 발휘한다는 것입니다. 그런데 더 놀라운 것은 이 놀라운 힘이 우리 안에 존재하고 있고, 단지 잠자고 있을 뿐이라는 것입니다.

**믿음은 기적을 일으킵니다.** 무라카미 가즈오의 표현 방식을 따른다면 우리의 믿음은 우리의 잠자는 유전자를 깨울 것입니다. 그리고 말할 수 없이 위대한 일들을 하게 할 것입니다. 그것이 믿음입니다. 기대함으로, 믿음으로 이 세상을 살아가는 것만 남아 있는 것입니다.

# 사랑해야 합니다

(요한일서 4:7-12)

## 곰이 되고 싶어요
(The boy who wanted to be a bear)

사랑이라는 것은 우리를 존재케 하는 매우 중요한 속성이라는 말입니다. 그래서 사랑할 때 싱그러워지고 아름다워집니다. 비록 이성친구를 사귀지 않아도 뭐든지 사랑하는 것을 가진 사람들은 아름답습니다

**원제_** The boy who wanted to be a bear
**감독_** 야니크 하스트룹
**각본_** 리 홀
**출연_** 오토 브랜덴버그, 앤 클로슨, 조빔 보제 헬리앙
**장르_** 애니메이션
**제작국가_** 덴마크
**관람등급_** 12세 이상 관람가
**러닝타임_** 75분

영화 "곰이되고 싶어요"는 안데르센의 나라 덴마크의 애니메이션 감독 야니크 하스트룹 감독이 만든 영화인데, 그 배경은 이렇습니다. 북극의 린드버그 섬, 백곰 부부가 살고 있었는데, 엄마 곰이 아이를 배고 있었습니다.

그런데 갑작스러운 늑대들의 공격을 받고 피하다가 절벽 밑으로 추락하게 되면서 엄마 곰은 아이를 사산하고 맙니다. 슬픔에 잠겨 음식을 끊고 사는 엄마 곰을 위해 아빠 곰은 그즈음 태어난 인간 아이를 용맹한 사냥군의 집에서 데려옵니다. 엄마 곰은 그 인간 아이를 자신이 낳은 아기 곰으로 착각하게 되고 행복을 되찾습니다.

하지만 자신들이 낳은 아들을 "작은 곰"이라 이름을 붙이고 용맹한 사냥꾼으로 키우길 소원했던 사냥꾼은 곰에게 복수하고 아들을 찾아오려는데 목숨을 겁니다.

## 곰이 되고 싶은 아이

인간인 아기는 곰으로 사는 것이 쉽지 않았습니다. 자신이 누구인지를 정확하게 알지 못하는 아이여서 까마귀가 나는 것을 보면서 처음에는 날기를 시도하기도 하지만 엄마 곰을 바라보면서 자신이 곰이라고 생각하게 되고 점차 곰을 닮아갑니다. 곰처럼 재주넘는 것을 시도하고 고기를 잡고 물개를 잡는 법까지 배우게 됩니다. 이젠 자신이 곰이라고 생각합니다.

하지만 그들의 행복은 지속될 수 없었습니다. 아들을 곰에게 뺏기고 절치부심 찾아다니던 인간 아빠에게 들키고 만 것입니다. 격렬하게 격투하던 엄마 곰은 결국 인간 아빠의 총에 맞아 죽습니다. 그리고 아이는 원래 사람의 집으로 돌아오게 됩니다. 다시 인간 세상으로 돌아온 아이, 타잔처럼 해피엔딩으로 끝나지 않습니다. 아이는 심한 정체성의 위기를 겪습니다. 분명 인간이지만 곰처럼 말을 하고 곰처럼 행동합니다. 도회지 아이들이 곰사냥을 주제로 놀이하는 것을 보면서 자신의 곰 엄마가 죽는 모습을 떠올리고 난폭한 모습을 보입니다.

아이의 마음 속에는 곰이 되고 싶은 마음밖에 없습니다. 이처럼 아이가 곰이 되고 싶은 마음을 갖고 있다면 자신이 인간이라는 것을 알고 있다는 말입니다. 그런데 인간처럼 인간의 말을 쓰는 것을 거부하고 인간으로 사는 것을 거부하는 이유가 무엇일까요? 왜 곰이 되고 싶은 것일까요?

참 어려운 이야기입니다. 하지만 곰이 되고 싶은 이유는 간단합니다. 사랑을 받았기 때문입니다. 비록 인간이지만 자신을 사랑한 엄마는 곰이었기 때문입니다. 그 엄마 곰이 편안하고 자연스러웠기 때문입니다. 편안하고 자연스럽다는 것은 길들여지고 익숙해졌다는 말입니다. 그렇게 보면 참 인간은 단순한 존재입니다. 사랑으로 살게 만들어진 존재입니다.

왜 이런 이상한 현상을 보이는 것일까요? 원래 우리는 하나님으로부터 나온 신적인 존재입니다. 그 말은 하나님의 속성을 가진 존재라는 말입니다. 그런데 그 하나님의 가장 큰 속성이 사랑입니다. 그래서 요한은 하나님을 사랑이라고 정의하면서 우리에게 서로 사랑하자고 권면합니다.

"사랑하는 자들아, 우리가 서로 사랑하자. 사랑은 하나님께 속한 것이니 사랑하는 자마다 하나님께로 나서 하나님을 알고 사랑하지 아니하는 자는 하나님을 알지 못하나니 이는 하나님은 사랑이심이라." (요일 4:7-8)

사랑이라는 것은 우리를 존재케 하는 매우 중요한 속성이라는 말입니다. 그래서 사랑할 때 싱그러워지고 아름다워집니다. 비록 이성 친구를 사귀지 않아도 뭐든지 사랑하는 것을 가진 사람들은 아름답습니다. 그래서 자신의 일에 열심을 가지고 사랑하는 사람들을 보면 참 멋있어 보이는 것입니다. 우리는 이처럼 사랑할 때 우리들의 존재가 빛나게 되어 있습니다.

그런데 이 사랑은 매우 자연스러운 것이어서 우리는 무엇이든지 사랑하게 되어 있습니다. 그 대상이 무엇이든지 사랑해야만 합니다. "난 사랑하는 사람이 없어요"라고 말하더라도 사랑하는 것이 있습니다. 어떤 사람은 물질을 사랑하고, 어떤 사람은 영화, 컴퓨터... 뭐든지 사랑하게 되어 있습니다. 하나님을 사랑하는 것이 식은 사람들, 무엇인가 다른 것을 사랑하고 있는 것입니다.

## 사랑의 위험성

그런데 문제는 우리가 하나님의 자녀들로서 하나님을 사랑할 때 우리 존재는 비로소 편안하고 안정된 사람이 됩니다. 그래서 자세히 보면 요한의 사랑하자는 말은 권면이 아니라 명령임을 알 수 있습니다.

왜 명령으로 사랑을 말하는 것일까요? 사랑의 위험성 때문입니다. 곰이 되고 싶다?! 그 아이의 이같은 간절한 소망은 바로 자신을 곰 엄마가 사랑하였기 때문이고, 처음 세상에 나왔을 때부터 지금까지 그는 곰 엄마의 사랑을 받아왔기 때문입니다. 그것이 곰이 되고 싶은 이유입니다.

이토록 연약한 것이 우리들입니다. 그래서 누군가가 자신을 사랑하면 우리들은 정신을 못 차립니다. 그것이 이단이라 할지라도 상관하지 않습니다. 자신을 사랑해준다면 그를 좇아갑니다. 그래서 명령하고 있는 것입니다. 사랑의 시급성, 절대성을 말하고 있는 것입니다. 사람들은 자신을 사랑하는 것을 좇아 살아갈 것이기 때문입니다. 그래서 주님이 내린 단 하나의 위대한 명령은 사랑하라는 것이었습니다.

"예수께서 가라사대 네 마음을 다하고 목숨을 다하고 뜻을 다하여 주 너의 하나님을 사랑하라 하셨으니 이것이 크고 첫째 되는 계명이요 둘째는 그와 같으니 네 이웃을 네 몸과 같이 사랑하라 하셨으니 이 두 계명이 온 율법과 선지자의 강령이니라." (마 22:37-40)

사랑의 시급성, 이것은 우리가 세상을 살면서 친구를 볼 때에도 같이 적용되는 이야기입니다. 우리가 사랑하지 않으면 그들은 곰이 되고 싶어할 것입니다. 세상이 되고 싶어하고 자기를 사랑하고 알아주는 세상이 되고 싶어할 것입니다. 더 기막힌 것이 뭔지 아십니까? 불편하고 힘들어도 자신을 사랑해주는 대상을 위해 산다는 것입니다.

그래서 아이는 곰이 되는 것이 우리 나라 단군신화만큼이나 힘들고 어렵지만 되기를 시도합니다. 진짜 곰이나 할 수 있는 일들을 통과해야 곰이 될 수 있지만 전설에 나오는 곰이 되는 방법을 좇아 죽음을 각오하고 곰이 되는 길을 택합니다. 그래서 두 개의 높은 폭포 사이를 지나고, 3일 밤낮의 매서운 북풍을 견뎌내고 엄청난 고독을 지나야 하는 시험, 곰이 되는 최종 시험을 추구하고 통과합니다. 그래서 "곰이 되고 싶어요"의 영국 개봉 타이틀은 "불가능을 이루려 한 소년"(The Boy Who Wanted to Do the Impossible)이었습니다.

# 불가능이라 해도

이토록 세상은 사랑에 굶주려 있는 것입니다. 그래서 우리 친구들이 자신을 사랑한다고 얘기하기만 하면 원조교제같은 것이라 해도 쉽게 넘어가는 것입니다. 말도 안 되고 불가능한 것이지만 사랑하려고 합니다.

**사랑은 선택이 아닙니다.** 우리들 모두는 지금 사랑이 필요합니다. 사랑을 못 느끼면 분명 다른 것을 사랑할 것이기 때문이고, 다른 사랑에 현혹될 것이기 때문입니다. 그래서 성경은 우리에게 사랑할 것을 명령하고 계신 것입니다. 최선을 다해 사랑하라고, 심지어 원수까지라도 사랑하면 사랑은 기적을 만들 것이라고 말하고 있는 것입니다.

바로 이런 이유 때문에 사단도 우리에게 사랑이라는 이름으로 다가옵니다. 일본 영화 중 "실낙원"이란 영화를 아십니까? 실제로 두 유부남녀가 불륜적인 사랑에 빠져 나중에 함께 동반자살한 사건을 영화화한 것입니다. 그런 영화를 보면서도 세상은 불륜이지만 아름답다고 평을 합니다. 불륜이지만 아름답다를 다르게 표현하면 사단적인 것도 사랑으로 위장하고 있다는 것입니다.

이처럼 늘 사단은 눈에 보이는 것으로 우리를 현혹합니다. 속삭입니다. 그럴듯해 보이지만 불륜입니다. 거짓입니다. 그런데도 그런 사랑이라도 하고 싶어합니다. 우리가 그만큼 아픈 것입니다. 우리가 그만큼 사랑에 굶주려있는 것입니다. 그래서 눈에 보이는 것이라도 좇고 싶은 것입니다. 너무나도 굶주려 있어서 눈에 보이는 것만 좇고 있는지도 모릅니다.

그래서 사람들이 하나님의 사랑을 놓치는 것입니다. 우리를 위해 독생자 예수를 십자가에 내어주시기까지 사랑하지만 하나님의 사랑을 놓치는 것입니다. 곰 엄마의 사랑을 받고 산 아이가 진짜 엄마, 아빠의 사랑을 놓치는 것처럼 말입니다. 이처럼 우리들은 약합니다. 그래서 상상할 수도 없이 크고 놀라운 하나님의 사랑마저 놓치고 있는 것입니다. 사랑에 굶주려서 그렇습니다. 찰나적인 것만 추구하고 있어서 그렇습니다.

그렇다면 우리는 어떻게 해야 합니까? 다른 방법이 없습니다. 세상이 하는 것보다, 그들이 하는 것보다 더 사랑하는 것입니다. 사랑의 시급성을 사랑의 당연성으로 바꾸어 매우 당연하게 사랑하는 것입니다.

"사랑하는 자들아 하나님이 이같이 우리를 사랑하셨은즉 우리도 서로 사랑하는 것이 마땅하도다." (요일 4:11)

그렇게 사랑할 때 사람들은 하나님을 발견할 것이기 때문입니다.

"어느 때나 하나님을 본 사람이 없으되 만일 우리가 서로 사랑하면 하나님이 우리 안에 거하시고 그의 사랑이 우리 안에 온전히 이루느니라." (요일 4:12)

우리들이 하는 사랑의 이유를 묻고, 우리들이 나누는 사랑 속에 빠져들고 싶어할 것이기 때문입니다.

# 곰이 된 아이

아이는 곰이 되고 싶었습니다. 그래서 모든 시험을 통과한 후 진짜 곰이 됩니다. 그런 곰이 된 아이를 아버지가 다시 잡아 집으로 데리고오지만, "괜찮아 시간이 지나면 사람이 될 거야"라고 위안해 보지만 자신의 아이를 다시 사람으로 돌아오게 하는 것은 불가능해보였습니다. 진짜 엄마 아빠는 아들을 곰으로 살도록 내보내야 했습니다. 다른 방법이 없었습니다. 쇠사슬로 묶어놓는다고 해서 되는 일이 아니었습니다. 이미 곰이 되어 있었기 때문입니다.

사랑합시다. 반드시 사랑해야 합니다. 내 가족을, 친구를, 하나님을 사랑하기를 더욱 힘써야 합니다. 내가 사랑하지 않으면 다른 것을 사랑할 것입니다. 그리고 그들도 다른 것들을 사랑할 것입니다. 어쩌면 아무리 사랑해도 사랑이 먹혀 들어가지 않는 사람들로 바뀌어 버린 날이 올지도 모릅니다. 모두 곰이 되기를 원하는 사람들을 만날지도 모릅니다. 자신을 사랑하는 세상으로 가 버린 것을 만날지도 모릅니다. 우리가 사랑하지 않았기 때문에 말입니다. 더욱이 우리가 하나님을 사랑한다면 우리가 서로 사랑하는 것은 우리의 당연한 일이기 때문입니다.

"누구든지 하나님을 사랑하노라 하고 그 형제를 미워하면 이는 거짓말 하는 자니 보는바 그 형제를 사랑치 아니하는 자가 보지 못하는바 하나님을 사랑할 수가 없느니라. 우리가 이 계명을 주께 받았나니 하나님을 사랑하는 자는 또한 그 형제를 사랑할찌니라." (요일 4:20-21)

# 2부

# 한번 시도해 보는게 어때?

# 큰 힘에는 늘 책임이 따른다

(사사기 16:28-31)

## 스파이더 맨
(Spider-Man)

"큰 힘에는 큰 책임이 따른다."(With great power comes great responsibility) 말씀을 깊이 새기며 살기로 다짐하는 순간부터 피터의 인생은 빛난 삶으로 바뀌게 됩니다. "큰 힘의 아름다움은 큰 책임을 수행할 때 빛난다."

**원제_** Spider-Man
**감독_** 샘 레이미
**각본_** 데이비드 코웹
**출연_** 커스틴 던스트, 토비 맥과이어, 윌리엄 데포
**장르_** SF, 액션
**관람등급_** 12세 이상 관람가
**러닝타임_** 121분
**개봉년도_** 2002년

우리가 이 세상에 태어나면서부터 우리를 유혹하는 것은 "큰 힘"에 관한 것입니다. 우리는 누구나 큰 힘을 갖고 싶어합니다. "큰 힘"을 가지고 자신의 현재 처지를 벗어나고 싶은 욕망은 언제나 우리를 흥분케 하는 주제입니다. 그래서 초인적인 힘을 가진 "슈퍼맨" "배트맨" "엑스맨" "스파이더맨"류의 만화나 영화가 인기를 끄는 것입니다. 이같은 힘에 대한 동경은 현재 자신의 약한 모습에서 기인합니다. 그래서 이런 "-맨"류 영화의 주인공들은 나약하고 볼품없거나 착한 사람으로 배역이 설정됩니다. 예를 들어 슈퍼맨의 주인공 클락이 매우 평범하고 어벙벙한 기자인 것처럼 주인공 피터 파커(토비 맥과이어)는 얼굴은 꺼벙하고 뿔테안경을 쓴 볼품없으며 말주변도 없고, 소심하며 내성적인 고등학생입니다. 이웃에 사는 MJ를 사랑하지만 친구들로부터 왕따를 당하는 피터를 좋아할 리가 없습니다.

## 우리의 소원이 이루어진다면

우리 안에는 지금 자신의 환경을 뛰어넘는 큰 힘을 가진 존재가 되고 싶은 욕망이 있는 것이 사실입니다. 실제로 노력을 통해서 나 자신이 그런 힘있는 존재가 될 수가 없기 때문에 나를 넘어서는 어떤 힘의 도움을 받고 싶어합니다. 그렇다면 실제로 우리에게 우리가 요구하는 "큰 힘"이 생긴다면 우리는 그 큰 힘을 어떻게 사용할까요?

볼품없는 고등학생 피터가 한 대학교 실험실에 견학 가게 되었을 때 유전자를 조작해 만들어낸 슈퍼 거미에 물리는 바람에 갑자기 초능력을 가진 존재로 바뀌게 됩니다. 예전에 뿔테안경을 쓰고 빈약한 몸을 가졌던 그가 강하고 단단한 몸을 갖게 되었고, 뿐만 아니라 그의 손목에서는 거미줄이 수십 미터 튀어나와 맨해튼의 빌딩 숲 사이를 마음껏 날아다니고, 어떤 수직의 벽도 기어오르고, 심지어 자신에게 닥칠 위험을 미리 알아챌 수 있는 동물적 감각까지 겸비합니다.

이처럼 "큰 힘"(great power)을 갖게 된 피터가 생각해낸 일은 고작 자신이 사랑하는 여자 MJ의 환심을 얻기 위하여 멋있는 스포츠카가 필요한데, 그것을 사는데 필요한 돈을 얻기 위해 레슬링 쇼에 참여하는 것이 전부였습니다. 고작 그 힘을 자신의 유익을 위해 쓰는데 사용했을 뿐입니다.

만약 나에게 이같은 "큰 힘"이 생긴다면 어떤 모습이 될까요? 우리는 피터와는 다른 모습을 보일까요? 그리고 힘이 없었을 때보다 과연 더 행복할까요?

현대를 살고 있는 우리에게 "큰 힘"이라면 로또 복권 당첨과 같은 일순간에 얻게 되는 부를 말할 수 있을 것입니다. 그렇다면 복권에 당첨한 사람들, 소위 "큰 힘"을 얻게 된 이들의 삶은 어떠했을까요? 우리나라에는 아직 통계가 없지만 미국 한 신문의 보도에 의하면 1000만달러(약 130억 원) 이상 복금을 탄 당첨자들의 절반 이상이 한 일이라고는 제일 먼저 자동차를 신형으로 바꾸었고 이어서 집을 새로 장만하는 정도였으며, 그리고 이혼하고 새 배우자를 선택한 것으로 나타났습니다. 그리고 1000만 달러 이상의 복권에 당첨된 지 10년 이상 지난 사람들을 대상으로 실시한 이 조사에서 전보다 더 불행해졌다고 대답한 사람이 64%에 달했다는 조사가 있었고, 그나마 비슷하거나 더 행복해졌다는 나머지 36%는 거의 예외 없이 이전과 같은 생활 수준을 유지했거나 아니면 당첨금 중 상당 부분을 사회단체에 기부한 사람들이었다는 보고였습니다. 결국 "큰 힘"이 행복을 가져다 주지는 못했다는 말입니다.

역사 속에 등장한 큰 힘을 가졌던 정치인들과 경제인들의 삶을 보면 이 사실은 더욱 극명해집니다. 분명 "큰 힘" 혹은 "많은 돈"이 우리를 부유하게 만들지는 모릅니다. 하지만 그 "큰 힘"이 우리를 반드시 행복하게 만들지는 않습니다.

게일 리버맨과 앨런 라빈이 지은 "부자의 꿈을 이룬 14명의 보통 사람들"이란 책에 등장하는 부자들은 복권에 당첨되거나 거액을 상속받았거나 우연히 부를 이룬 사람들입니다. 그들이 실컷 부를 누리면서 살아보면서 느낀 생각을 재미있는 한 줄 문장으로 소개하고 있는데 다음과 같습니다.

"성공했다고 생각하는 순간, 가끔 지금 누리고 있는 이 재산이 인생에서 어떤 의미가 있는지 계속 묻게 된다. 로마나 플로렌스에 별장이 있거나 비행기, 요트를 갖고 있지 않으면 1년에 25만 달러 이상 쓰는 것은 불가능하다. 바닷가재나 스테이크를 먹으면 얼마나 먹을 것이며 레드와인 소스에 피스타치오를 첨가한 참치요리를 먹으면 얼마나 먹겠는가."

# 큰 힘의 괴로움

　"큰 힘"을 가지고 있다는 것이 무슨 의미가 있습니까? 우리는 큰 힘이 있다면 행복할 것이라고 생각하지만 그렇지 않을 수 있습니다. 오히려 성경은 만일 자신만을 위해서 "큰 힘"을 쓴다면 그것은 무익하고 쓸모없는 것이 되거나, 잘못 쓰기 시작할 때 그것은 저주가 될 수 밖에 없을 것이라는 것을 가르쳐줍니다.

　성경에 나오는 대표적인 "큰 힘"을 가진 존재는 삼손입니다. 사자를 염소새끼 다루듯이 찢어 죽일만한 힘을 갖고 있었고(삿14:6), 한번은 나귀 턱뼈를 가지고 블레셋 군사 일천 명을 죽인(삿15:14-16) 엄청난 힘을 가진 존재였습니다. 삼손의 힘 역시 자신이 만든 힘이 아니라 하나님이 주신 힘이었습니다. 그래서 그는 자신이 아닌 하나님과 민족을 위해서 사용해야 했습니다. 하지만 초기와 달리 삼손이 자기 힘의 권세를 가지고 기생과 즐기고(삿16:1) 급기야는 들릴라라는 여성에게 파묻혀 자신의 힘을 방임하였을 때부터 그의 힘은 저주가 되기 시작하였습니다. 결국 삼손은 적국 블레셋 사람에게 매수된 여인 들릴라 때문에 두 눈이 뽑힌 채 놋줄에 묶여 감옥에서 맷돌을 돌리는 비참한 저주받은 신세로 전락하고 맙니다. 이것이 바로 큰 힘의 괴로움입니다.

　영화 속에 나오는 피터의 친구 해리의 아버지인 노만 오스본 박사도 자신을 대상으로 한 실험을 통해 극대화된 "큰 힘"을 갖게 됩니다. 하지만 그 힘을 자신을 위해서 쓰려고 결정하는 순간부터 자신의 아들의 친구, 애인, 심지어 아들까지도 죽이려고 시도하는 생각에 사로잡히는 더러운 저주로 바뀌게 됩니다. 이것이 바로 "큰 힘"의 괴로움입니다.

# 큰 힘의 위험

　"큰 힘"은 반드시 우리를 행복하게 하지는 않습니다. 많은 "큰 힘"은 오히려 많은 사람들에게 "큰 상처"를 줄 가능성을 갖고 있습니다. 우리는 여기서 "큰 힘"을 추구하는 삶보다 "큰 힘"을 아름답게 쓸 수 있는 사람이 되는 훈련이 더 중요하다는 것을 알게 됩니다. 준비되지 않은 "큰 힘", 훈련되지 않은 "큰 힘"은 역사가 보여주듯이 우리에게 저주가 될 수 있기 때문입니다.

　고아로 자라면서 아버지같이 의지했던 삼촌이 죽기 전에 나누었던 유언이 되어버린 "큰 힘에는 큰 책임이 따른다"(With great power comes great responsibility)는 말씀을 깊이 새기며 살기로 다짐하는 순간부터 피터의 인생은 빛난 삶으로 바뀌게 됩니다. "큰 힘의 아름다움은 큰 책임을 수행할 때 빛난다"

　우리는 여기서 "힘의 영성"을 깨달아야 합니다. 사실 하나님이 인간에게 주신 힘이란 결국 서로를 위해 사용하기 위해 주어진 것임을 알아야 합니다. 선생은 제자들을 섬기고, 강한 자는 약한 자를 돌아보고, 높아지고자 하는 자는 먼저 낮아져서 낮은 자들을 섬기고... 이것이 주님이 말씀하시는 힘의 영성인 것입니다.

　크리스천인지는 알 수 없지만 "부자의 꿈을 이룬 14명의 보통 사람들"에 나오는 고백에 귀기울일 필요가 있습니다.

"나는 부자가 되기를 원했다. 그건 그 돈으로 많은 일을 할 수 있기 때문이다. 하지만, 혼자만 쓸 생각이라면 4천만 달러를 벌 필요가 있겠는가. 이타적인 생각을 하면 좋은 인연이라든지 영적 에너지 같은 것들이 생겨난다. 그래서 돈이 좋다."

그들이 깨달은 것, "영적인 에너지 같은 것" 바로 그것이 하나님이 주신 힘을 사용할 때 생기는 축복입니다. 그러니까 "큰 힘"은 책임을 가지고 사용할 때 더욱 극대화되고 더 많은 힘을 가진 아름다운 사람이 된다는 뜻입니다. 그리고 이처럼 더 "큰 힘"을 소유하게 될 때 등장하는 것이 '무소유'입니다. 내가 해야 할 더 "큰 책임"의 아름다움 때문입니다.

MJ는 일편단심 자신을 향했던 피터의 사랑을 알고 사랑을 고백합니다. 그렇게 기다렸던 사랑하는 사람을 얻게 되었지만 피터는 그 사랑을 받아들이지 못합니다. 그냥 친구로 남기로 결정합니다. 그 안에서 숨쉬는 "큰 힘"이 주는 "큰 책임" 때문이었습니다.

## with great power

갑자기 이런 생각이 들었습니다. 왜 주님은 이 세상에서 사는 동안 그 흔한 애인이 없었을까? 왜 가정을 꾸리며 자녀들을 낳지 않았을까? 주님은 왜 늘 우리의 친구라는 표현을 즐겨하셨는가? 이런 모든 질문들을 일순간에 이해할 수 있습니다. 가장 큰 힘을 가진 예수 그리스도의 가장 큰 책임 때문입니다. 그것이 예수가 결혼하지 않은 이유이고, 그 예수를 좇는 바울 또한 결혼하지 않은 이유입니다. 그리고 자신의 가족과 배와 재산을 버린 수많은 제자들의 이유입니다. 가장 큰 힘이신 예수 그리스도를 품었기 때문입니다.

삼손이 눈이 뽑힌 채 감옥에서 맷돌을 돌리며 묵상한 것은 바로 자신의 힘의 근원과 책임에 관한 것이었을 것입니다. 그는 하나님이 자신을 블레셋으로부터 민족을 지킬 사람으로 부르셨다는 것을 깊이 묵상하였을 것입니다. 삼손은 책임을 깨달은 후 다시 그 "큰 힘"을 회복하고 싶었습니다. 그런데 그것을 사용하기 위하여 삼손은 모든 것을 포기하여야 했습니다. 자신의 목숨을 버려야 하는 것이었습니다. 그것은 하나님이 주신 힘을 방임한 댓가였습니다. 이렇게 책임을 깊이 인식하고 자신을 포기할 때 삼손의 힘은 복원되었고, 단지 힘만 있었던 어리석고 무지한 삼손이라고 남을 뻔한 역사책에 새로운 이름으로 기록되게 된 것입니다. 성경은 삼손의 그 날의 일을 다음과 같이 기록합니다.

"삼손이 여호와께 부르짖어 가로되 주 여호와여 구하옵나니 나를 생각하옵소서. 하나님이여 구하옵나니 이번만 나로 강하게 하사 블레셋 사람이 나의 두 눈을 뺀 원수를 단번에 갚게 하옵소서 하고... 가로되 블레셋 사람과 함께 죽기를 원하노라 하고 힘을 다하여 몸을 굽히매 그 집이 곧 무너져 그 안에 있는 모든 방백과 온 백성에게 덮이니 삼손이 죽을 때에 죽인 자가 살았을 때에 죽인 자보다 더욱 많았더라." (삿 16:28,30)

**우리는 늘 큰 힘만을 추구합니다.** 그러나 그 큰 힘에는 큰 책임이 따른다는 사실을 기억하지 않습니다. 오로지 자기 자신의 축복만을 위해서 큰 힘을 추구하는 경우도 비일비재한 것이 사실입니

다. 하지만 잊지 말아야 할 것은 힘이 바로 하나님에게서 나온다는 사
실입니다. 그리고 그 힘을 우리에게 허락하신 것은 세상과 함께 나누
기 위함이라는 사실입니다.

아브라함과 이스라엘을 축복하신 이유가 그들을 통하여 세상 모든
민족이 복을 얻게 하기 위함이었던 것처럼 오늘 하나님이 우리를 축복
하시며 큰 힘을 주신다면 그 뜻 또한 세상을 구원하고 축복하기 위해
우리를 축복의 통로로 삼고 계신 것임을 알아야 할 것입니다. 그런 의
미에서 하나님은 하나님의 통치가 이루어진 "큰 힘"을 가진 사람을 찾
고 계신 것입니다. 하나님의 축복의 통로로 쓰임받을만한 사람을 찾고
계신 것입니다.

# 나는 이 일을 계속한다

(디모데전서 4:6-16)

## 턱시도
(The Tuxedo)

지미 통은 마침내 승리합니다. 전심전력을 집어넣은 지미 통의 옷은 그 자체만으로 힘있는 턱시도를 보기좋게 이깁니다. 우습게도 턱시도의 패배는 100%의 완벽함 때문이었습니다.

**원제_** The Tuxedo
**감독_** 케빈 도노반
**출연_** 성룡, 제니퍼 러브 휴잇, 제이슨 아이삭스
**장르_** 액션
**관람등급_** 15세 이상 관람가
**러닝타임_** 99분

평범한 중국계 택시기사 지미 통(재키 찬)이 정보국 요원인 데블린의 운전사로 취직하는데, 데블린은 마치 007처럼 매우 유능한 정보요원이었습니다. 하지만 그 힘의 비밀은 그가 입고 있는 턱시도에 있었습니다. 소위 만능옷이었습니다. 투명옷으로 바뀌기도 하고 무한한 힘과 능력을 발휘할 수 있는 대단한 옷이었습니다.

## 음모

이같은 세상에 자신들의 이익을 위하여 음모를 꾸미는 세력이 있었는데, 매닝과 그의 매닝 생수회사였습니다. 매닝이 꾸미고 있는 계획은 무시무시했습니다. 그들은 자신들의 매닝생수만을 독점 판매하기 위하여 세계의 모든 저수지에 자신들이 특별히 배양한 박테리아를 뿌리는 것을 계획합니다. 이 박테리아는 유전자 조작된 수소산소 보유물질로 이 박테리아에 감염된 물을 마시면 갈증이 나게 하는 역할을 하기 때문에 자연히 유일하게 깨끗한 물인 매닝생수만 마시게 함으로써 엄청난 이익을 노리는 음모였습니다.

그것을 정보요원 데블린이 눈치챈 것입니다. 하지만 매닝생수 측은 눈치를 챈 데블린을 죽입니다. 이바람에 데블린의 운전기사로서 죽음의 현장을 목격하게 된 지미 통(성룡)이 턱시도의 비밀과 함께 데블린이 던진 한마디 "워터 스트라이더"(소금쟁이)란 말에 매달려 정보요원 데블린의 역할을 대신하게 됩니다.

하지만 데블린을 대신하는
정보요원 역할은 곧 드러
났고 다시 평범한 운전기사
로 돌아가게 됩니다. 그런
와중에 매닝은 기적의 턱시
도를 손에 넣었을 뿐만 아니
라 그동안 배양한 박테리아를
전 세계 저수지로 보내는 계획
을 차질없이 진행시킵니다. 방
법은 간단했습니다. 워터 스트
라이더 곧 소금쟁이의 발에 박
테리아를 묻혀 전 세계 저수지에
뿌리는 것이었습니다. 하지만 막

을 길은 존재하지 않았습니다. 이제 세상은 매닝의 계획대로 진행되는
일만 남아 있었습니다. 더욱이 턱시도를 입은 매닝은 무소불위의 힘까
지 가진 존재가 되었기에 막는 것은 더욱 불가능해보였습니다.


## 영원한 법칙

하지만 이 영화에서도 어김없이 말하고 있는 것은
선의 승리입니다. 곧 하나님이 살아계시다는 전제를 어김없이 보
여줍니다. 다른 말로 바꾸면 "악은 반드시 패배한다"는 하나님의 꿈입
니다. 이 영화에서도 하나님의 이 강한 의지는 반드시 실현되는데, 언
제나 하나님이 하신 것처럼 선을 행하는 구원의 도구가 등장합니다.
그런데 재미있는 것은 하나님이 늘 보잘것없고 별로 특출하지도 않은
존재들을 통하여 일하시듯이 이 영화의 주인공도 별로 시원치 않은 택
시기사 지미 통입니다. 하나님의 영원한 법칙인 이것을 알고 있던 바
울은 이렇게 말합니다.

"그러나 하나님께서 세상의 미련한 것들을 택하사 지혜있는 자들을 부끄럽게 하려 하시고 세상의 약한 것들을 택하사 강한 것들을 부끄럽게 하려 하시며 하나님께서 세상의 천한 것들과 멸시받는 것들과 없는 것들을 택하사 있는 것들을 폐하려 하시나니 이는 아무 육체라도 하나님 앞에서 자랑하지 못하게 하려 하심이라."(고전 1:27-29)

그렇다고 해서 무조건 미련하고 약하고 천한 것들을 택한다는 말이 아닙니다. 아무런 생각없이 사는 사람을 말하지는 않습니다. 바울은 그 사람이 최소한 부르심을 입은 사람(고전 1:1,24,26)이어야 함을 말하고 있습니다. 즉 그 마음속에 하나님의 부르심을 듣고 하나님의 통치가 이루어진 사람이어야 합니다. 그런 사람이라면 미련하여서 지식이 부족하고 약하여서 강한 권세를 가지고 있지 못할지라도 문제가 되지 않는다는 말입니다.

이 놀라운 하나님의 마음을 알고 있기에 바울은 디모데에게 강하게 요청하고 있는 것입니다. 디모데전서의 문맥을 볼 때 디모데는 리더쉽에 상당한 위기를 만난 듯 합니다. 그는 어릴 뿐만 아니라(딤전 4:12) 일반적으로 세상에서 통용되는 헛된 전통 혹은 규범에(딤전 4:7) 휘둘리고 있었기 때문입니다. 하지만 바울이 말하고 있는 것은 매우 분명하였습니다. 나이가 어리고, 능력이 부족하고 세상적으로 충분히 신뢰받지 못하고 있는 상황이 중요하지 않다는 것입니다. 하나님 앞에서의 성실함과 하나님을 의존함으로 나의 최선을 드리는 것이 무엇보다 중요하다고 디모데에게 바울은 말하고 있습니다.

"누구든지 네 연소함을 업신여기지 못하게 하고 오직 말과 행실과 사랑과 믿음과 정절에 대하여 믿는 자에게 본이 되어 내가 이를 때까지 읽는 것과 권하는 것과 가르치는 것에 착념하라… 이 모든 일에 전심전력하여 너의 진보를 모든 사람에게 나타나게 하라." (딤전 4:12-13,15)

우리는 이 말씀을 통하여 매우 중요한 것, 어리석고 부족하고 권세가 없고 약하여도 가장 중요한 것은 주님의 통치를 받는 것이고, 그것의 기본은 전심전력을 기울이는 것임을 알게 됩니다. 전심전력을 기울인다면 그 다음은 주님이 인도하시겠다는 약속이 전제되어 있습니다. 또한 전심전력을 기울일 것을 요청하는 말씀 속에는 매우 중요한 또다른 메세지가 숨겨져 있는데, 그것은 우리의 변화된 존재에 대한 것입니다. 즉 주님은 우리가 원래 가지고 있는 능력을 통해서가 아니라 우리가 전심전력을 기울이면 하나님이 역사하시겠다는 말이 내포되어 있는 것입니다. 그것은 우리가 전심전력을 기울일 때 하나님이 우리의 능력을 극대화시키겠다는 의미이기도 합니다.

## 10%= 전심전력

데블린이 의미심장하게 지미 통에게 한 말, "10%는 자네한테 달렸어"(The other 10% is up to you!-Clark)는 데블린의 숨겨진 또 다른 만능 옷과 관계가 있습니다. 그러니까 초능력을 가진 옷은 두 벌 이었습니다. 한 벌은 지금 매닝이 입고 있는 완벽한 옷이었고, 또 다른 한 벌은 좀 부족한 옷이었습니다. 이 옷은 처음부터 완벽하게 준비되어 있는 턱시도와는 다른 옷이었습니다. 현저하게 턱시도보다 위력이 약했습니다. 그래서 지미 통은 턱시도를 입은 매닝에게 일방적으로 궁지에 몰립니다. 그런데 지미의 옷의 힘은 그 자체로는 약하지만 지미의 마음으로 힘을 불어넣는 만큼 새로워지고 강해지는 옷이었습니다. 그것이 이 옷의 비밀이었습니다.

사실 우리는 모든 것이 완벽하게 구비된 턱시도를 입길 좋아합니다. 똑같이 우리는 아무런 힘을 들일 필요도 없이 완벽하게 하나님의 힘으로 사는 절대적인 힘을 요청합니다. 그러나 하나님은 우리에게 다른 옷을 입히십니다. 우리의 전심전력 기울이므로, 무장된 마음으로 움직이는 옷을 입히신 것이라고 생각합니다. 분명히 턱시도처럼 그 자체로 완벽하지는 않지만, 우리의 힘을 전심으로 사용할 때 극대화되는 옷입니다. 그러나 사실 우리가 기울인다고 하는 전심전력조차 알고 보면 작은 힘에 불과합니다. 굳이 표현하자면 아무리 많이 사용할지라도 전체 100% 중 10%가 채 되지 않는 힘일지 모릅니다. 즉 우리가 기울이는 것은 10%에 불과하지만(하나님은 그것을 전심이라고 부릅니다) 그것을 집어 넣을 때 100%를 뛰어넘는 놀라운 힘을 발휘하는 존재가 되도록 주님은 계획 세워 놓으신 것입니다. 마치 우리의 힘으로 한 것처럼 자신감을 불어넣으시려고 말입니다.

심지어 10%가 안되더라도 전심전력을 기울이기만 한다면 1%일지라도, 혹은 고작 0.00001%의 힘이라 할지라도 그 안에 나의 마음과 고백이 100% 들어 있다면 극대화된 힘으로 역사하시겠다는 말이기도 합니다. 그래서 행복한 것입니다. 바로 이런 이유로 인해 오병이어가, 겨자씨 한 알이, 다윗의 돌맹이가 세상을 바꾼 것입니다.

지미 통은 마침내 승리합니다. 전심전력을 집어 넣은 지미 통의 옷은 그 자체만으로 힘있는 턱시도를 보기 좋게 이깁니다. 우습게도 턱시도의 패배는 100%의 완벽함 때문이었습니다. 누구든지 담배를 물면 자동적으로 라이터를 켜면서 나오도록 프로그램 되어 있는 것이 문제 였습니다. 그러니까 턱시도는 아무리 많은 힘을 사용할지라도 100%, 그것은 제한된 힘이었습니다. 그래서 그 힘 외에는 사용할 수 없지만 지미 통의 옷은 나의 전심전력이 들어가기만 하면 100% 이상의 힘을 쓸 수 있다는 것을 상징하고 있습니다. 그 힘은 우리가 가지고 있는 힘을 토대로 발휘하는 것이었습니다.

## 오병이어의 원리

이 사실을 우리는 성경 안에서 수없이 주님이 말씀하시고 계시는 부분이라는 것을 빨리 알아야 합니다. 우리가 드리는 최선을 가지고 기적을 이루시는 분임을 빨리 알아야 합니다. 오병이어의 기적을 빨리 체험해야 할 것입니다.  이 비밀을 안다면 우리는 아마 전심전력을 멈추지 않을 것입니다. 우리의 전심전력은 그 자체로 기적을 의미하기 때문입니다. 멈추지 않고 계속해서 전진할 것입니다. 이미 우리가 시도하는 순간부터 기적은 시작되기 때문입니다. 이 사실을 알고 있는 바울은 그래서 디모데에게 명령합니다.

"네가 네 자신과 가르침을 삼가 이 일을 계속하라." (딤전 4:16)

그런데 이것을 아십니까? 의외의 기적이 일어나는 것 말입니다. 그 기적은 두 가지 차원에서 일어납니다. 첫째는 나 자신이 구원받는 것 입니다. 그리고 둘째는 나에게서 듣는 자들이 구원받는 일입니다. 전혀 기대하지 않았던 일들이 내가 기울이는 전심전력을 통해 하나님이 이루신다는 말입니다.

"네가 네 자신과 가르침을 삼가 이 일을 계속하라 이것을 행함으로 네 자신과 네게 듣는 자를 구원하리라."(딤전 4:16)

## 2080 원리를 들어보셨습니까?

20명이 80명을 먹이고 살린다는 리더쉽 이야기 말입니다. 하지만 성경은 그렇게 얘기하지 않습니다. 10%의 힘이 90%를 구원한다고, 엄밀하게 따지면 0.0001%의 힘이라도 전심전력으로 드려진 힘과 헌신이 있다면 그것으로 충분히 나머지 99% 전부를 구원하는 일에 쓰신다고 말씀하십니다. 그게 오병이어 이야기입니다. 그것이 미련하고 약한 것들을 택하여 지혜있다하는 자들과 강한 자들을 부끄럽게 하시는 하나님의 방법인 것입니다. 행복하지 않습니까? 그렇게 쓰임받고 싶지 않으십니까?

# 하나님은<br>계획을 가지고 계시다

(창세기 45:4-8)

## 몬테 크리스토
(Alexandre Dumas' The Count Of Monte Cristo)

파리아 신부는 단테스안에
있는 복수심에 대하여서도
새로운 해석으로 접근합니다.
이렇게 말합니다. "자네의
복수심은 모르긴 몰라도 7년간
자네를 버티게 한 주님의
목 적 일 거 야 ."

**원제_** Alexandre Dumas' The Count Of Monte Cristo
**감독_** 케빈 레이놀즈
**각본_** 제이 월퍼트
**출연_** 제임스 카비젤 , 가이 피어스
**장르_** 액션, 어드벤쳐
**개봉년도_** 2002년
**관람등급_** 12세 이상 관람가
**러닝타임_** 131분

모든 것이 순조롭게 진행되던 에드몬드 단테스, 그의 진실함과 최선의 삶으로 젊은 나이에 선장이 되고 아름다운 여인과의 결혼도 앞당겨지게 되었습니다. 그토록 기대하였던 행복한 삶의 시작이었습니다. 그런데 바로 그때 그에게 비극이 시작된 것입니다. 전혀 얘기치 못한 비극이었습니다. 억울하게도 음모로 인해 탈출이 불가능한 평생 감옥에 갇히게 된 것입니다. 왜 이런 비극이 있는 것입니까?

## 주님이 심판하신다

이 사실을 우리는 성경 안에서 수없이 주님이 말씀하시고 계시는 부분이라는 것을 빨리 알아야 합니다. 우리가 드리는 최선을 가지고 기적을 이루시는 분임을 빨리 알아야 합니다. 얼마 전에 우리는 미군 장갑차에 의해서 죽은 두 여중생, 미선이 효순이 때문에 심한 분노와 함께 자책감을 만났던 적이 있습니다. 이같은 분노는 늘 하나님에 대한 원망과 함께 일어날 수 밖에 없습니다. 그리고 곧잘 우리는 왜 우리에게 이런 고통이 있는가하는 질문 앞에 설 수 밖에 없습니다. 그리고 이내 이 질문은 하나님이 과연 살아계신가하는 질문으로 발전되어집니다.

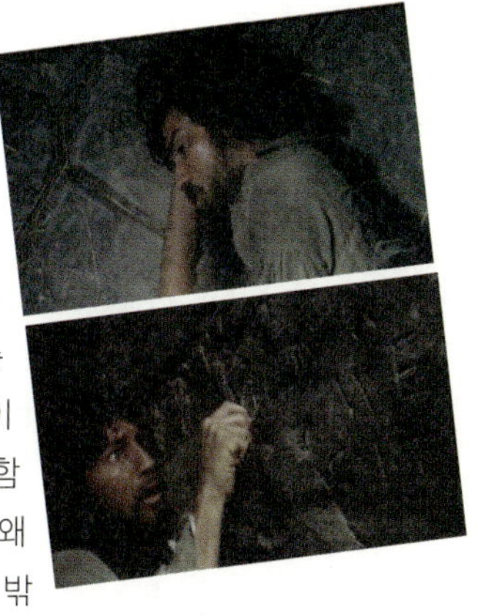

이런 질문 앞에 우리는 세 종류로 대답하는 사람들을 만나게 되는데, 첫째는 그래도 하나님은 살아계시며, 지금 벌어지고 있는 일에 대한 계획과 심판을 가지고 계심을 믿는 이들입니다. 이들은 영화에 등

장하는 주인공 에드몬드 단테스 같은 사람들입니다. 그는 한번 들어가면 영원히 나올 수 없을지도 모르는 교도소 벽에 새겨진 글귀"God will give me justice"처럼 "주님이 모든 것을 심판하신다"를 믿었습니다. 강력하게 비웃는 교도소 소장 앞에서도 분명하게 "하나님은 모든 일에 관여하시며 모든 곳에 존재하시고 모든 것을 알아요"라고 말하는 사람입니다. 바로 우리 크리스천들입니다.

그러나 두 번째 사람들은 하나님은 존재하지 않으며 이 땅은 악하고 힘있는 자들에 의해서 지배된다고 대답하는 사람들입니다. 그들이 추구하고 있는 것은 권력에 대한 것이고 물질에 대한 것입니다. 그래서 영화속의 교도소 소장은 주님은 살아계셔서 정의를 드러낼 것이라고 말하는 단테스에게 "죄수들은 스스로 동기를 부여하지"란 말로 칼 막스(Karl Marx)가 얘기하듯이 종교를 정신을 순간적으로 마비시켜 위로해주는 아편 정도로 이해합니다. 한마디로 하나님의 존재를 인정하지 않는 사람들입니다.

## 하나님은 어디에나 계시다

그러나 정작 문제가 있는 사람들은 세 번째 종류의 사람들인데, 하나님의 존재를 믿고 싶지만 지금 상황을 도무지 이해할 수 없기 때문에 회의적이 되어 버린 자포자기의 삶을 사는 모습입니다. 처음에는 하나님의 존재를 믿기도 했지만 시간이 지나가면서 불신앙인으로 바뀐 사람들입니다. 반복된 고통과 이해할 수 없는 상황으로 인해 회의적인 신앙인으로 바뀐 사람들 말입니다.

감옥에서 지나온 세월이 7년 정도가 지나자 단테스도 그런 절망감에 사로잡힌 사람으로 바뀌고 맙니다. 11년 동안 감옥에 있으면서 오직 탈출만을 생각하면서 시도하던 파리아 신부를 어느 날 만나서 일단의 희망이 생기기도 하지만 단테스는 도무지 하나님을 인정할 수 없었습니다. 파리아 신부에게 말한 것처럼 그의 마음속에서 하나님은 지워져 버렸고 복수심만이 가득 차 있을 뿐이었습니다. 당연히 계속된 이해할 수 없는 고난의 연속에서 나온 결과물이었습니다.

왜 고통이 선한 삶을 산 자신에게 있는가 하는 질문에 분명한 대답이 보이지 않았기 때문입니다. 이같은 절망적인 질문 앞에 매우 분명한 한 가지 진리를 말하고 싶습니다. 지금 고통당하는 상황에서는 어느 누구도 이해할 수 없지만 신앙의 선배들과 성경은 매우 어이없게도 이렇게 대답합니다.

"고난 당한 것이 내게 유익이라." (시 119:71)

"자녀이면… 우리가 그와 함께 영광을 받기 위하여 고난도 함께

받아야 할 것이니라." (롬 8:17)

그들이 이렇게 고백하는 것은 하나님이 살아계시기 때문입니다. 이런 생각에 동의하고 있는 파리아 신부는 단테스 안에 있는 복수심에 대하여서도 새로운 해석으로 접근합니다. 이렇게 말합니다. "자네의 복수심은 모르긴 몰라도 7년간 자네를 버티게 한 주님의 목적 일거야."

# 이상한 역사

　　부분적으로 신부의 말은 옳습니다. 간혹 우리 안의 잘못된 열정을 통해서도 하나님은 역사하시기에 그렇습니다. 예를 들어 바울 사도가 로마 감옥에 있을 때 빌립보 교회에게 보낸 편지에는 로마에서 벌어진 이상한 일에 대하여 기록하고 있습니다. 그것은 순전한 마음으로 바울의 모습을 보면서 열심히 전도한 사람에 대한 것이 아니라 순전치 못한 마음으로 바울을 괴롭게 하려고 전도를 열심히 한 무리에 대한 이야기였습니다. 그때 바울을 시기했던 로마의 일부 크리스천들은 바울을 괴롭게 할 심산으로 전도를 합니다. 그런데 하나님은 순수치 못한 동기를 가진 그들을 통해서도 일하신 이상한 역사에 대한 이야기입니다. 여하튼 하나님의 계획을 알고 있던 바울은 동기가 순수하지 못함에도 불구하고 기뻐합니다.

> "시기하거나 다투는 마음으로 하는 사람들은, 나의 감옥 생활에 괴로움을 더하게 하려는 생각을 품고, 다투는 마음으로 순수하지 못한 동기에서 그리스도를 전파합니다. 그렇지만 어떻습니까? 참으로 하든지 거짓으로 하든지, 무슨 방법으로 하든지 그리스도가 전파되고 있으니, 나는 그 일로 기뻐합니다. 그렇습니다. 나는 앞으로도 기뻐할 것입니다." (표준새번역/빌 1:17)

　　우리 안에도 이런 부분이 많습니다. 단테스가 복수하기 위하여 실낱같은 희망을 붙잡고 목숨을 유지했던 것처럼 우리도 처음에는 누구보다 사람들에게 잘 보이기 위하여 더 많이 기도하고, 더 많이 봉사하고 더 많이 헌금하고 혹은 누구보다 앞서기 위하여 더욱 공부하고 더욱 권력을 잡으려고 하고 남보다 더욱 앞서려고 시도합니다. 이런 것들은 우리 안에 있는 억울함, 속상함, 낮은 자

존감 혹은 열등감에서 출발되는 면이 있습니다. 하지만 그것도 주님은 알고 계십니다. 그리고 그런 면들을 선하게 이용하셔서 우리를 아름답게 이끄십니다. 그래서 감사한 것입니다.

## 하나님은 계획을 가지고 계시다

탈출을 위하여 굴을 파던 도중 죽게 된 신부는 죽기 전에 보물지도를 단테스에게 넘겨줍니다. 그리고 매우 우매해 보이는 요청을 합니다.

### "탈출에 성공하면 좋은 일에만 사용해"

신부는 하나님이 살아계시고 우리의 모든 삶에는 하나님의 섭리가 있다는 것을 믿기 때문입니다. 하지만 단테스는 그 말을 믿을 수가 없었습니다. 그는 복수하겠다고 말합니다. 그때 신부가 매우 분명하게 말합니다.

### "주님이 말씀하셨어. 원수는 내가 갚겠다."

하나님께는 계획이 있다는 말입니다. 그리고 그 계획 속에는 나의 자녀를 고통받게 한 원수를 심판하는 것도 포함되어 있다는 것입니다. 분명히 단테스처럼 우리는 "난 하나님을 못 믿겠어요"라고 말하며 매우 강하게 거부할지도 모릅니다. 그때 신부가 매우 중요한 얘기를 합니다.

### "그건 상관없어.
하나님은 자네를 믿으셔!"
(That doesn't matter.
He believes in you!)

하나님이 믿고 계시다? 그것은 우리의 불완전한 것을 믿으신다는 것을 말하는 것이 아니라 하나님께서 계획을 이루시고 진행하시겠다는 의미가 있음을 알아야 합니다. 그것에 대한 강한 의지를 읽어야 합니다. 즉 언젠가 그 하나님이 일하신 계획의 성취를 보게 될 때, 우리도 하나님을 이해하게 되고 지금 내게 일어났던 일들을 바르게 해석할 수 있게 될 것을 이미 알고 있다는 것을 아시기 때문입니다.

예를 들어 창세기에 나오는 요셉이 형들에 의해 노예로 팔려가고, 노예생활과 죽음의 위협, 기약할 수 없는 감옥생활을 겪은 후 애굽의 총리대신이 되었을 때 요셉이 그동안 살아왔던 날들을 해석하고 하나님의 계획을 알게 된 것처럼 말입니다. 요셉은 형들에게 말할 때 자신에게 있었던 일들을 해석합니다.

> "당신들이 나를 이곳에 팔았으므로 근심하지 마소서. 한탄하지 마소서. 하나님이 생명을 구원하시려고 나를 당신들 앞서 보내셨나이다... 하나님이 큰 구원으로 당신들의 생명을 보존하고 당신들의 후손을 세상에 두시려고 나를 당신들 앞서 보내셨나니 그런즉 나를 이리로 보낸 자는 당신들이 아니요 하나님이시라."
>
> (창 45:5, 7-8)

그 후로 17년 정도가 지나 아버지 야곱이 죽고 난 후에 혹시 자신들에게 복수는 하지 않을까 걱정하는 형들에게 요셉은 더욱 분명하게 자신이 이해한 하나님의 뜻을 설명합니다.

"요셉이 그들에게 이르되 두려워 마소서. 내가 하나님을 대신하
리이까. 당신들은 나를 해하려 하였으나 하나님은 그것을 선으로
바꾸사 오늘과 같이 만민의 생명을 구원하게 하시려 하셨나니 당
신들은 두려워 마소서." (창 50:19-21)

우리는 매우 분명히 하나님의 계획이 있다는 것을 믿어야 합니다. 그런
데 반드시 누군가가 그것을 고통당하지만 믿음으로 견디어 내어야 한다는
뜻이기도 합니다. 악하고 더러운 세력 앞에서 하나님을 신뢰하는 사람들이
있어야 한다는 말입니다. 순간적으로 고통스러워서 하나님을 의심하고 회
의가 들기도 하지만 끝없이 준비하고 나아가는 사람을 하나님은 필요로
하고 계신 것입니다.

그렇다면 왜 하나님은 단테스를 계속 쓰고 계신 것입니까? 왜 하나님은
늘 배신을 반복하는 우리를 기대하시고 쓰시려 하는 것입니까? 왜 우리를
믿으시는 것입니까? 그것은 우리가 처음에 하나님 앞에 드린 확실한 고백
때문입니다. 그 안에 있는 믿음 때문입니다. 비록 고통 앞에서 흐려지고 말
았지만 하나님은 그 아름다운 씨앗을 믿은 것입니다. "나는 너를 믿는다"

## 힘을 기르라

이제 남은 것은 무엇입니까? 참 힘들고 어려운 현실 앞에서 우
리가 해야 할 것은 무엇입니까? 힘을 기르는 것입니다. 물론 가장 중요한
전제 조건은 두말 할 것도 없이 복음의 기초 위에서 기르는 힘이어야 합니
다. 어떤 때는 우리들이 힘을 기르는 것은 욕심일 수도 있고, 자존심 혹은
경쟁이나 시기일 수도 있습니다. 그럴지도 모릅니다. 하지만 단테스는 감
옥에서 열심히 훈련하고 자신을 변화시키는 일을 멈추지 않았습니다.

요셉도 노예시절 감옥에 있을 때에도 하나님과 관계하는 일과 사업 그리고 영적인 진보를 위한 훈련을 멈추지 않았습니다. 그래서 그가 하는 일마다 번성하였고, 아무런 대답도 없는 감옥에 있을·때에도 왕의 환상을 해석달라는 요청 앞에 준비된 대답을 할 수 있었습니다.

말이 좀 이상하게 들릴지 모르지만 복수를 위해서라도 힘을 길러라. 힘을 가져라. 하나님이 우리의 선하신 뜻을 알기에 우리는 하나님의 선한 일을 위하여 쓰여지게 될 것입니다.

# 철이 철을
# 날카롭게 하듯
# 리더를 꿈꿔라

(잠언 27:17-22)

## 엠퍼러스 클럽
### (The Emperor's Club)

삶의 가치는 한번의 실패에
의해 모두 평가되거나, 어떤
기막힌 성공으로 평가받는 것이
아니다... 그러므로 선생은
제자의 품성이, 그 제자의
운명이 변화될 것을 항상
소 망 해 야 한 다.

**원제_** The Emperor's Club
**감독_** 마이클 호프만
**출연_** 케빈 클라인, 스티븐 컬프, 엠베스 데이비츠
**장르_** 드라마
**관람등급_** 12세 이상 관람가
**러닝타임_** 109분

영화의 첫머리에 나오는 세인트 베네딕트 고등학교의 훈더트 선생이 자신의 인생을 통하여 깨달은 매우 중요한 명제 "한 사람의 품성은 그의 운명이다"(A man's character is his fate)라는 말을 들으면서 새뮤얼 스마일즈가 쓴 글이 생각났습니다. "생각의 씨를 뿌리면 행동을 거둬들일 것이요, 행동의 씨를 뿌리면 습관을 거둬들일 것이요, 습관의 씨를 뿌리면 성격을 거둬들일 것이요, 성격(character)의 씨를 뿌리면 운명(fate)을 거둬들일 것이다."

## 피할 수 없는 운명

운명을 피할 수 없는 것이라고 말할 수 있다면, 그 운명적인 것은 지금까지 우리가 어떻게 시작하고 살아왔는가와 매우 밀접한 관계가 있다고 말할 수 있습니다. 제목이 "차가운 마음"이란 시가 있습니다. (성공하는 10대들의 7가지 습관, 256).

아주 춥고 황량한 날, 여섯 명이 우연히 만났다.
사람들은 모두 지팡이를 하나씩 가지고 있었다.

불이 꺼져가면서 땔감이 필요할 때,
첫 번째 사람이 자신의 지팡이를 숨겼다.
모여 있는 사람들 중에 흑인이 한 명 있었기 때문이다.

다음 사람이 자신의 교회에 다니지 않는 사람을 발견하고는,
자신의 지팡이를 땔감으로 내놓지 않았다.

누더기를 걸치고 있던 세 번째 사람은 옷깃을 꼭 쥐었다
자신의 옷으로 돈 많은 게으름뱅이들을
따뜻하게 해 주고 싶지 않았다.

부자는 뒤로 물러나서,
자기가 얼마나 돈이 많은 사람인지를 생각했다.
그 돈을 게으르고,
지저분한 가난뱅이들에게 나누어 주고 싶지 않았다.

마침내 불이 꺼졌을 때 흑인은 복수를 생각했다
틈만 나면 자신의 지팡이로 백인들을 때려 줄
생각만 하고 있었다.

마지막 남은 사람은 아무 것도 할 일이 없었다.
그는 누군가가 자신에게 먼저 베풀지 않으면
행동하지 않는 사람이었다.

죽음이 가까이 다가왔을 때조차 그들의 손은 인간들의 죄로
더럽혀져 있었다. 그들은 추운 날씨 때문에 죽은 것이 아니다.
차가운 마음 때문에 죽은 것이다.

위 글에서 여섯 사람의 행동들, 그것은 절망적으로 죽음에 이르는 운명으로 작용하였는데, 그것은 그들이 그동안 살아 왔던 삶의 결과물이었습니다. 오랜 시간동안 만들어진 삶의 성품이 우리의 운명을 결정하고 만 것입니다. 그리고 나중에는 우리가 만든 운명이 우리의 삶 전체, 우리의 품성 혹은 성격을 결정하고 지배하게 되는 것입니다.

# 품성은 우연이 아니다

그러므로 운명으로 우리의 품성이 결정되기 전에 우리는 바르게 잡아야 합니다. 그렇다면 우리의 품성은 어떻게 만들어지는 것입니까? 그것을 새뮤얼 스마일즈는 "생각의 씨"라고 얘기하였는데, 어떤 씨가 우리에게 뿌려져 있는가가 중요한 것입니다. 여기서 우리는 크게 두 종류의 씨를 설명할 수 있을 것입니다.

첫째는 우리가 살아온 기본 터인 가정과 부모 그리고 형제들로부터 영향받는 매우 본래적인 씨들입니다. 우리의 상당히 많은 품성은 이렇게 형성되어 있습니다. 우리가 부정하고 싶지만 사실입니다.

세인트 베네딕트 고등학교에 세드윅 벨이라는 친구가 전학을 옵니다. 상원의원 아버지를 둔 벨은 왜곡된 품성을 가진 학생이었습니다. 그의 관심은 공부에 있지 않았습니다. 오랫날 동안 만들어졌을 것같은 그의 품성은 이미 세상적이었습니다. 하지만 이처럼 무례하고 왜곡된 성품을 표출하는 세드윅 벨의 품성의 형성은 영화 속에는 아버지의 모습으로 대표되는 그 가정의 결과물이었습니다.

**오늘의 우리는** 우리가 살아온 삶의 터, 운명같은 가계와 매우 밀접한 연관을 맺습니다. 그냥 웃으면서 지나갈 일이 아닙니다. 이같은 사실을 증명하기 위하여 늘 예로 드는 유명한 두 사람, 믹스 쥬크와 조나단 에드워드 목사의 가계 이야기를 소개하겠습니다.

믹스 쥬크는 무신론자로 하나님을 믿지 않는 여성과 결혼해서 평생을 자신 마음대로 살았던 사람입니다. 그런 그의 가문의 후손 560명을 추적해서 어떻게 되었는지를 조사해 보았는데, 놀랍게도 자손들 중 310명이 거지로 죽었고, 60명은 도둑이었습니다. 150명이 범죄자이었으며, 그들 가운데 7명은 살인자였고, 100명이 술주정뱅이였습니다. 그 가계에 속한 여자들 중 절반 이상이 창녀였습니다. 고작 20명 만에 직업 교육을 받았는데, 이중 10명은 교도소에서 받았다고 조사되었습니다. 여하튼 이 집안은 재정적인 면으로도 미국 정부에 125만 달러 이상의 손해를 입혔다고 조사되었습니다.

또 한 사람 조나단 에드워드는 그의 집안에서 처음으로 주님을 믿었지만 헌신된 기독교인이었습니다. 그는 경건한 자매와 결혼을 해서 1,394명의 자손을 두었습니다. 자손 중에서 295명이 대학 졸업자이고, 그들 가운데 13명이 대학 총장이었고, 65명이 교수, 3명이 미국 상원의원이 되었습니다. 3명이 주지사, 30명은 판사, 100명은 변호사, 56명은 외과의사, 75명은 군대장교, 1000명은 목사와 선교사, 작가가 되었습니다. 80명은 공무원으로 일했는데, 이중 3명은 미국 대도시의 시장으로, 1명은 재무성의 감사관, 1명은 미국 부통령이 되었습니다. 조나단 애드워드의 자손 중에 미국에 손해를 끼친 사람은 한 사람도 없었다고 조사되었습니다.

# 운명과 세상환경

오늘 우리의 모습, 품성(character)은 운명(fate)입니다. 우리가 매우 적극적으로 변화하지 않으면 우리는 우리의 운명적인 굴레에 묶여서 살 수도 있다는 말입니다. 그러므로 우리가 바뀌어 새로운 품성을 만들어 내고 새로운 삶의 태도를 가진 가정을 이루는 것은 나

의 후손들에게 새롭고 건강한 운명을
들어 주는 일이 되기도 하는 것입니다.
그러므로 지금 내가 변화되는 것은 너
무나도 중요한 것입니다.

　　우리의 운명을 결정할 품성을 만드는
두 번째 씨는 우리가 살고 있는 세상 환경
입니다. 이 세상에 흐르고 있는 약육강식,
적자생존, 자연도태의 진화론적인 세계관이
우리에게 "힘이 선이다"라고 세뇌시킵니다.
그래서 수단과 방법을 가리지 않고 이기려고 시도할 수 밖에 없습니다.

　　영화에 나오는 세드윅 빌은 그런 가계의 기운과 함께 세상이라는 곳에
흐르고 있는 처절한 싸움의 현실 속에서 자신을 적응하여 갑니다. 어떻게
든지 누군가를 이겨야 합니다. 그래서 아버지로부터 인정을 받아야 하고,
수단과 방법을 가리지 않고서라도 좋은 대학에 들어가야 했습니다. 이런
이유 등이 겹쳐서 그는 본능적으로 세상의 논리에 순응합니다. 그것의 극
대화가 컨닝 사건이었습니다. 세인트 베네딕트 고등학교에 오랫날동안 내
려오는 전통적인 대회가 "줄리어스 시저" 대회 였는데, 그 대회에서 최종
세 명이 겨루는 결승대회에 올라간 빌은 반드시 이겨야 한다고 생각한 것
같습니다. 그래서 그가 택한 것은 컨닝을 하는 것이었습니다. 나중에 훈더
트 선생에게 들키지만 전혀 양심의 가책 따위는 없습니다. 거짓이든 속임
수든 승리하기 위해서는 어떤 것이라도 하겠다는 생각은 이미 운명처럼
그에게 박혀 있었기 때문입니다.


## 맹모삼천지교식의 믿음

　　우리로 하여금 불의와 더러움을 행하고, 자신의 유익을 위하여 살라고
얘기하는 세상에서 우리는 당연히 다른 윤리를 가지고 살아야 합니다. 바

울은 우리가 그리스도안에서 새로운 피조물(고후 5:7)로서 이제 우리들은 하나님의 자녀로서 이제 우리들이 "하나님의 자녀답게"(엡 5:1,8) 살 것을 요청합니다. 조금 다른 말로 표현하면 우리의 시민권이 하늘에 있기에(빌 3:20) 하나님 나라의 삶의 윤리로 살 것을 요청하고 있는 것입니다. 우리가 하나님 나라적인 것을 추구하지 않을 때 우리들의 삶이란 원래 세상적인 삶으로 가는 우리를 발견하게 되기 때문입니다. 잠언서가 얘기한 것처럼 우리가 우리 자신만을 위해서 살고 싶어하는 미련한 자이기 때문에 그렇습니다.

"미련한 자를 곡물과 함께 절구에 넣고 공이로 찧을찌라도 그의 미련은 벗어지지 아니하느니라."(잠 27:22)

우리는 매우 의도적으로 하나님 나라적인 것을 추구해야 합니다. 왜냐하면 우리가 살고 있는 환경이 우리 자신을 지킬 수 없을만큼 힘들기 때문입니다. 가만히 자신을 방임하면 우리는 반드시 그 세상에 파묻혀 세상의 논리로 살게 되기 때문입니다. 그래서 바울은 강한 어조로 말합니다.

"그러므로 여러분이 그리스도와 함께 살려 주심을 받았으니, 위에 있는 것들을 추구하십시오. 거기에는 그리스도께서 하나님의 오른쪽에 앉아 계십니다. 여러분은 땅에 있는 것들을 생각하지 말고, 위에 있는 것들을 생각하십시오."(표준새번역/골 3:1-2)

세상에서 자신의 아들을 지키기 위하여 세 번 이사를 했던 맹자 어머니의 맹모삼천지교처럼 우리들도 우리를 지키기 위하여 맹모삼천지교적인 신앙의 행위를 시도해야 합니다. 믿음의 친구들과 교회를 가까이 하고, 악하고 더러운 것을 의도적으로 피하고, 불의와 음란한 것들을 멀리하고 배격하는 일을 노력해야 합니다. 이같은 우리들의 맹모삼천지교식 신앙행위가 필요합니다.

# 주의할 것

　이같은 믿음의 결단을 가지고 사는 우리가 가장 범하기 쉬운 실수 중의 하나는 가끔 받는 유혹 앞에서 오늘쯤은 혹은 이번 만은 어떨까하는 생각입니다. 그렇게 우리는 순간을 모면하려고 시도합니다. 하지만 순간이 모여서 우리의 미래를 만들고 운명이된다는 것을 잊어서는 안 됩니다. 영화에 등장하는 벨의 모습을 보면 알 수 있습니다.

　영화를 보면 시간을 훌쩍 넘어 25년이 지납니다. 훈더트 선생이 가르쳤던 이들이 모두 사회적으로 나름대로 자리를 매김하고 있었습니다. 그 중에 새드윅 벨은 기업 합병을 잘해서 엄청난 재산을 가지고 CEO가 되어 있었습니다. 그는 바뀌었을까요?

　벨은 못내 옛날 그 컨닝 사건이 부담이 되었던 것 같습니다. 그래서 다시 그때 했던 "줄리어스 시저" 대회를 예전 결승전에 올랐던 친구들과 함께 하고 싶다고 학교 측에 요청합니다. 그리고 그것을 구실로 학교에 기부금도 내놓으려고 하는 선한 의도도 있었습니다. 이젠 모든 것이 선한 것으로 정리된 것처럼 보였습니다. 과연 그렇습니까? 벨은 다시 열린 추억의 대회에서조차 부정한 방법으로 한 대학원생을 매수해서 보청기를 이용한 컨닝을 시도합니다. 사실 그 대회를 하려고 한 의도가 숨어 있었던 것입니다. 상원의원에 출마하려는 자신을 포장하려는 시도였습니다. 그 목적을 이루기 위하여 거짓을 다시 행한 것입니다.

# 여전히 바뀌지 않을 수 있다

시간이 지나면 우리의 모습이 바뀔 수 있습니까? 우리의 세계관이 바뀌고 우리가 살아왔던 삶의 태도를 바꾸며 그것이 나의 성품이 되고 또 다른 운명 곧 하나님의 자녀가 되지 않고서는 우리의 삶은 바뀌지 않습니다.

화장실에서 다시 마주친 벨과 훈더트 선생, 컨닝한 사실을 알아차린 훈더트 선생이 매우 중요한 마지막 강의를 하겠다고 하면서 말합니다. 참 중요한 이야기입니다.

"너에게 마지막 강의를 하고 싶구나. 똑같은 자리에서 우리 모두는 우리 자신을 거울로 보듯이 우리 자신을, 진정한 자신이 누구인지를 봐야 하는 순간이 있어. 그 날이 네게 오면 너는 바르지 않게 살아오고, 도덕적인 원칙도 없이 살아온 너의 인생을 직면하게 되겠지. 바로 그것 때문에 네가 불쌍하구나."

우리가 반드시 바뀌어야 하는 이유입니다. 영화에서는 훈더트 선생의 권면 앞에 "거짓과 속임수가 난무하는 세상에서 그렇게 사는 것은 당연하다"고 강변하는 벨의 얘기를 화장실 다른 칸에서 벨의 아들이 듣는 것을 설정하므로 그가 만날 운명적 미래를 암시적으로 설명합니다. 참 고마운 장면입니다. 우리에게도 마찬가지입니다. 우리의 결정은 반드시 미래에 만나게 됩니다. 그것이 하나님의 심판이기 때문입니다.

하나님이 공의를 좇아 우리를 판단하는 때가 반드시 이릅니다. 그러므로 우리는 반드시 바뀌어야 합니다. 앞에서 얘기한 미키 쥬크나 조나단 에드워드 이야기를 들먹이지 않아도 우리는 반드시 우리가 살아온 것의 결과물, 곧 운명을 만나게 될 것이기 때문입니다.

## 철이 철을 날카롭게 하듯

덧붙여서 우리 청소년 친구들에게 얘기하고 싶은 것이 있습니다. 훈더트 선생은 벨의 모습을 보면서 깊은 절망에 사로잡힙니다. 그동안 가르쳐 왔지만 지금 그런 제자의 모습을 보면서 자신의 인생에 기록할 만한 일이 남아있지 않은 느낌에 사로잡힙니다. 하지만 나머지 자신의 제자들이 바르게 서 있을 뿐만 아니라 자신에게 전달한 패에 적힌 글 "위대한 교사에겐 부수적으로 남는 것이 있다. 그의 인생이 다른 이들의 삶에 옮겨진다는 것이다."는 글이 그에게 희망으로 다가옵니다.

훈더트 선생은 깨닫습니다. 그는 이렇게 고백합니다.

"난 분명히 세드윅에게는 실패했다. 하지만 삶의 가치는 한번의 실패에 의해 모두 평가되거나, 어떤 기막힌 성공으로 평가받는 것이 아니다... 그러므로 선생은 제자의 품성이, 그 제자의 운명이 변화될 것을 항상 소망해야 한다."

잠언서 말씀, "철이 철을 날카롭게 하는 것같이 사람이 그 친구의 얼굴을 빛나게 하느니라"(잠 27:17)는 말씀을 기억해야 합니다. 우리가 지금은 공부하는 학생이지만 곧 리더가 될 것이기 때문입니다. 그때 영향력 있는 리더가 되기 위해서라도 우리는 지금 훈련하며 준비해야 합니다. 좋은 품성을 지닌 사람으로 힘써야 하고 그것이 우리의 운명이 되어 하나님이 사용하시는 리더가 되어야 하기 때문입니다. 이것을 꿈꾸십시오. 그런 의미에서 우리가 지금 공부하는 것, 바르게 살려고 애쓰는 것, 크리스천으로 살려고 힘쓰는 것은 세상을 바꾸는 꿈을 실행하고 있는 것입니다.

훈더트 선생은 비록 은퇴하였었지만 다시 학교로 돌아갑니다. 철이 철을 날카롭게 하는 희망과 흥분 때문일 것입니다. 리더가 되십시오. 리더가 되기 위하여 공부하십시오. 용기를 가지십시오. 하나님이 우리 편이 되시어 우리의 꿈을 이루실 것입니다.

# 3부

# 네가 하나님의 꿈이야

# 세상을 구하는 자의 조건

(시편 23편)

## 딥 블루 씨
(Deep Blue Sea)

사 망 의    골 짜 기 에 서 도
두려워하지 않음은 주의 지팡이와
막대기가 나를 안위하심이라.
선 하 심 과    인 자 하 심 이
평생 나를 따르리니 내겐 큰 막대기
가  있고 골짜기에서  가장
힘이 세다. 이제 저 못된
상어를 주님이 한 방에 보내시리라.

**원제_** Deep Blue Sea
**감독_** 레니 할린
**각본_** 덩컨 케네디
**출연_** 사무엘 L. 잭슨, 새프런 버로즈, LL 쿨 J
**장르_** 스릴러
**개봉년도_** 1999년 09월 11일
**관람등급_** 15세 이상 관람가
**러닝타임_** 105 분

어떻게 사는 것이 바른 크리스천의 삶인가 하는 물음
에 대해 깊이 생각하게 하는 영화입니다. 우리는 보통 크리스천으로서
의 삶을 늘 세속적인 성공이라는 개념과 연계시켜 생각하는 것이 사실
입니다. 소위 주목받고, 뜨고, 세상이 알아주는 주인공으로서의 삶을
생각하고, 그렇게 인정받는 것이 성공하는 크리스천이라고 생각합니
다. 정말 그렇다고 생각하십니까?

## 세상적인 삶

영화의 시작은 철저히 세상의 성공에 대하여 말을 하고
있고, 영화의 주인공도 세상의 성공을 추구하는 이들입니
다. 주인공 수잔 맥칼리스터 (새프런 버로즈) 박사는 의학
계의 새로운 기적의 역사를 이룰 비밀 프로젝트를 진행하
고 있었는데, 그것은 상어의 뇌조직을 인간의 손상된 뇌조
직에 이식하면 손상된 부분이 회복될 수 있는 획기적인 것
이었습니다. 그것은 매년 20만 명이 걸리고 있는 알츠하이
머 병, 소위 치매를 치료하는데 불과 약 한 알이면 충분한
기적의 신약이기도 했습니다.

이같은 약 개발에 성공한다면 수잔 박사는 노벨의학상이
라는 명예와 부를 함께 얻는 성공한 의학자가 되는 것은
자명한 사실이었고, 현재까지 2억 불을 투자한 카메랴 제
약회사의 러셀 프랭클린(사뮤엘 잭슨)도 막대한 부를 얻는
것임에 틀림이 없었습니다. 또 한 사람 사육사 카터는 상어
를 보호하고 연구소 전체를 지휘하는 사람으로 힘을 상징
하였습니다. 그들은 모두 나름대로 성공한 사람들이었습니
다.

이것이 세상의 성공입니다. 물론 우리가 바라고 사모하는 삶입니다. 많은 이들이 하나님을 믿는 이유도 이같은 성공을 위해서인 것이 사실입니다. 그리고 성공하면 행복해 보입니다. 아니 행복해 합니다. 그리고 우리도 그들을 부러워합니다.

영화 속에 유일하게 크리스천으로 등장하는 인물은 영화의 조연에 불과한 요리사 프리처 더들리(LL쿨J)입니다. 그렇게 오랜 시간 영화 속에 등장하지도 않습니다. 그의 관심사는 세계적이지도, 대단하고 놀라운 비전을 갖고 있는 것도 아닙니다. 세상적인 관점에서 볼 때는 성공하지 못한 그저 흔한 요리사에 불과하였습니다.

상어의 공격을 받고 연구소 전체가 위기 가운데 있는 상황이지만 고작 주변에서 벌어지는 사건의 원인을 크리스천인 자신이 술을 먹은 것 때문이라고 생각하는 매우 단순하면서도 단견적인 사람이 요리사 더들리입니다. 미래, 공동체는 안중에도 없고 자신과 자신이 키우는 앵무새 외에 다른 곳으로 시각을 넓히지도 못하는 매우 단순한 사람입니다. 세상으로 말하면 성공하지 못한 크리스천입니다. 야심도 없고 물질에 욕심이 있어 보이지도 않습니다.

# 세상을 구한 사람

이같은 사람들이 살고 있는 세상에 위기가 닥쳤습니다. 위기의 원인은 상어의 뇌에서 보다 많은 단백질을 얻기 위하여 유전자 조작을 통하여 뇌를 크게 키운데 있었습니다. 상어들의 뇌가 커지면서 상어들은 영리해졌고, 말이 안 되는 얘기지만 자신들을 위협하는 총의 정체를 알아보고, 자신들을 감시하는 카메라를 부수며 전력 송출장치를 망가뜨리기도 하고 닫힌 문을 열기도 하는 등 거의 인간 수준의 행동을 보이기 시작합니다. 그런데 이 상어들이 자신들의 뇌 조직을 사람들이 추출해간다는 사실을 알고는 작심하고 인간을 공격하기 시작한 것입니다. 설상가상으로 강풍과 폭우를 동반한 9m의 파도가 엄습해오면서 연구소는 바다 가운데 고립됩니다. 그리고 한 명씩 차례로 상어에 의해 살해되기 시작합니다. 언제 무너질지 모르는 해저 연구소, 모든 통신은 두절되었고 깊은 해저 속에서 사람들은 탈출하려 합니다. 그런데 앞이 보이지 않습니다.

**이것이 위기입니다.** 이같은 위기 앞에서 그들이 추구하고 있고, 그들이 갖고 있는 것들이 어떤 위력을 발휘했는지 살펴볼 필요가 있습니다. 두말 할 것도 없이 위기 앞에서 그들의 부와 명예는 거추장스러운 것에 불과하였고, 아무런 힘도 발휘할 수 없었습니다. 더욱이 그들에게 죽음이 다가왔을 때 더욱 극명하게 그들이 추구하던 것들이 얼마나 무의미한지가 드러났습니다. 명예를 추구하고 성공적인 의학자의 꿈을 꾸던 수잔도 자신을 구원하지 못하고 죽습니다. 부를 가지고 있으며 세상의 권력을 소유하고 있었던 러셀도 허무하게 죽음에 이릅니다. 그러

니까 그들이 지금 가지고 있는 것은 아무 소용도 없는 쓰레기에 불과
하였습니다. 위기는 그들이 세상에서 성공을 했는가, 하지 않았는가와
는 전혀 상관없다는 것을 드러낸 것입니다.

우리에게도 동일하게 이런 위기가 다가옵니다. 그리고 우리가 기억
해야 할 최고, 최후의 위기는 죽음입니다. 그런데 기억해야 할 또 한가
지는 위기에서 우리가 지금까지 누리고 있던 것들은 아무런 힘도 발휘
할 수 없다는 사실입니다.

## 누가 세상을 구하는가?

재미있게도 세상을 구한 사람은 보잘 것 없는 사람, 영화 속에서도
조연에 불과한 요리사 프리쳐 더들리였습니다. 그는 그 위기속에서 벗
어날 수 있는 유일한 길을 제시하는 지도자였습니다.

자신의 힘을 의지하던 사람들, 여섯명이 차례로 죽어가면
서 마지막 두명으로 압축되자 그들은 자신들의 힘의 제한성을 깨닫게
됩니다. 그때 비로소 프리쳐 더들리는 그 공동체의 지도자로 등장합니
다. 그들이 살 수 있는 방법은 수면까지 18m나 되는 거리를 헤엄쳐 올
라가는 길 밖에 없었습니다. 하지만 길이 7.5m, 몸무게 3,600kg, 시
속 56km로 달리는 상어를 피해서 올라가야 하는 것이기 때문에 살
확률은 희박해 보였습니다. 바로 그 절박함에서 그들의 지도자로 프리
처 더들리가 등장하는 순간입니다. 그는 서로 손을 잡고 기도할 것을
요청합니다.

"사망의 골짜기에서도
두려워하지 않음은
주의 지팡이와 막대기가
나를 안위하심이라.

선하심과 인자하심이
평생 나를 따르리니
내겐 큰 막대기가 있고
골짜기에서 가장 힘이 세다.
이제 저 못된 상어를
주님이 한 방에 보내시리라"

그 절박한 상황에서 두 사람은 더들리의 요청에 따라 아멘으로 고백합니다. 결국 그들은 죽음에서 구원을 받습니다. 이제 위기가 지배하는 영화의 마지막에는 확실히 더들리가 주인공입니다. 수면으로 세 사람이 올라가던 중 상어는 그들을 공격하였고, 바로 더들리가 상어에게 오른쪽 다리를 물립니다. 그것은 죽음을 의미하였습니다. 더들리는 자기 목에 걸린 십자가로 상어의 눈을 찌르기 시작합니다. 놀랍게도 눈을 찔린 상어는 더들리를 놓았고 그는 유일하게 상어에게 물렸으면서도 살아납니다. 그리고 마지막 상어를 죽이는 일에도 결정적으로 역할을 보입니다.

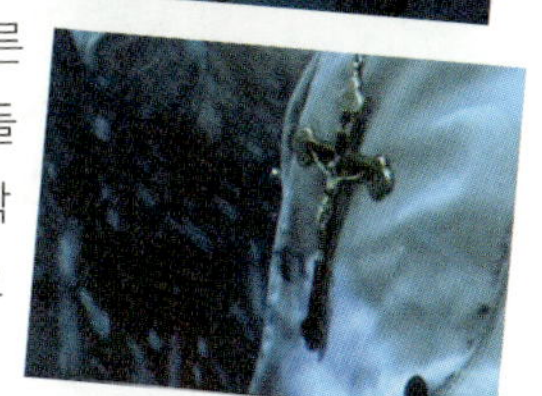

좀 과장되어 보이긴 하지만 감독은 우리에게 분명한 물음을 보내고 있습니다. "진정한 지도자가 누구인가" 하는 물음입니다.

분명히 진정한 지도자는 평상시에 잘 보이지 않습니다. 오히려 평상시에는 물질과 명예와 권력을 가진 사람이 지도자인 것처럼 보입니다. 소위 국회의원과 같은 정치인, 재벌과 같은 경제인, 교수, 법조인 등이 지도자입니다. 하지만 그들이 정말로 위기에 있는 우리들에게 희망을 보여 주었습니까? 오히려 수많은 정치인들과 경제인들은 위기를 가져옵니다. 우리가 경험하였던 IMF같은 위기와 후유증들은 바로 그들이 가져온 위기입니다. 그리고 답답한 것은 지금 있는 위기들 앞에서 자신을 버리면서 하나님 앞에 서 있는 진정한 지도자가 보이지 않는다는 것입니다.

## 누가 지도자인가?

그런 상황에서 세상을 구한 사람은 바로 요리사 프리처 더들리였습니다. 지금 벌어지고 있는 연구와는 전혀 관계가 없는 유일한 사람, 사회의 주변에 존재하고 있었던 사람... 바로 그 사람을 통하여 영화 속 세상은 구원 받습니다. 영화가 말하고 싶어하는 것은 그런 것이 아닐까요? 세상을 구하는 사람은 우리 눈에 보이고 그럴듯해 보이는 명예와 부를 가진 지도자들에 의해서가 아니라 눈에 보이지도 않고 아무 것도 소유하고 있지 않지만 성실하게 하나님 앞에 서서 살아가는 사람에 의해서라는 메시지가 보이는 것이 사실입니다.

이렇게 생각해 봅시다. 세상이 거대한 무대이고, 그 무대의 감독이 하나님이라면 하나님은 어떤 사람을 세상을 진정 구원하는 주인공으로 사용하겠습니까?

그렇게 보면 예수님은 그 시대의 아웃사이더들이었던 제자들을 데리고 세상 구원 계획을 세우시고 이끄셨음을 알 수 있습니다. 결과론적으로 대단한 성과를 얻었기 때문에 다윗이나 느헤미야, 요셉을 좋게 평가하고 있고, 그들이 무슨 대단한 위치를 가졌던 지도자처럼 오해하고 있지만, 사실 그렇지 않습니다. 다윗이 이스라엘의 지도자로 나서게 되었던 싸움인 골리앗 장군 앞에서 그는 무슨 기골이 장대한 장군이 아니라 징집대상에도 못 이른 청소년에 불과했었고, 느헤미야는 무슨 힘을 가진 정치인이 아니라 왕의 술 시중을 드는 관원에 불과했었으며, 그 당시 근동의 기아 위기에서 애굽을 구한 요셉 또한 무슨 힘을 가진 경제인이나 정치인이 아니라 보디발 장군의 아내를 성폭행했다는 혐의로 감옥에 갇혀 있던 짐승만도 못한 노예였습니다.

하지만 하나님은 그들을 위기의 순간에 주인공으로 사용하셨습니다. 그들이 진정한 지도자였던 것입니다. 오늘 우리에게 무엇을 말하고 있는 것입니까? 먼저 우리는 물질과 권세를 가지고 세상과 사람을 바라보는 마비되고 세뇌된 시각을 버려야 합니다. 또한 무엇인가를 이루고 무엇인가 되는 것보다도 중요한 것이 지금 무엇을 하고 있는가가 중요하다는 것을 알아야 할 것입니다. 어떤 지위에 있는가가 중요한 것이 아니라 어떤 삶을 살고 있는가가 중요하다는 뜻입니다.

그렇다면 구체적으로 어떻게 사는 사람을 말하는 것입니까? 첫째 그들은 하나님의 주권을 인정하고 현재를 받아들이며 사는 사람들이었습니다. 다윗의 삶을 대표할 수 있는 고백이 담겨져 있는 시편 23편에서 다윗은 매우 중요한 고백을 함으로 시작합니다.

"여호와는 나의 목자시니 내가 부족함이 없으리로다." (시 23:1)

영어성경 NASB로 읽으면 "The LORD is my shepherd, I shall not want."입니다. "주님이 나의 목자가 되시기에 나는 아무 것도 필요하지 않다." "아무 것도 원하는 것이 없다 오직 주님만이 나의 만족이 되시니까." 얼마나 놀라운 하나님에 대한 인정입니까? 이래서 하나님은 다윗을 사용하신 것이었습니다. 이처럼 하나님의 주권에 대한 인정은 편법을 사용하고 얄팍한 길을 택하지 않게 하는 힘이었고 오히려 하나님 앞에서 솔직하고 정직한 삶을 시도하게 하였습니다. 시종여일 하나님이 인도하시고 개입하신다는 사실을 인정합니다. 요셉이 형들에게 한 이야기를 기억하십니까?

> "당신들이 나를 이곳에 팔았으므로 근심하지 마소서. 한탄하지 마소서. 하나님이 생명을 구원하시려고 나를 당신들 앞서 보내셨나이다... 그런즉 나를 이리로 보낸 자는 당신들이 아니요 하나님이시라."(창 45:5,8)

둘째 그들은 자신들의 처지를 보면서 충분히 불평하고 하나님을 원망할 만도 한데 하나님을 늘 인정하고 현재를 감사하고 인정하며 살아가는 태도를 보였습니다. 그것은 그들의 성품이었고 세계관이었습니다. 당연히 우리가 목표로 하는 모습의 삶이어야 합니다. 그것은 매일 내가 하는 일을 귀중하게 여기고 최선을 다한 삶으로 나타났습니다. 노예로 최선을 다했던 요셉, 술관원으로 최선을 다했던 느헤미야에게 기회가 찾아온 것처럼 그들은 현재 내게 주어진 일에 최선을 다했습니다.

시편 23편을 읽어보면 다윗의 상황이 별로 좋아 보이지 않습니다. 분명히 그는 "사망의 음침한 골짜기"의 상황을 만난 듯 합니다. 하지만 그는 하나님을 묵상하고 인정하므로 그 골짜기를 피하지 않고 걸어간 모습을 보이고 있습니다. 하나님을 신뢰하면서 내게 주어진 삶을 받아들이는 모습입니다.

"내가 사망의 음침한 골짜기로 다닐찌라도 해를 두려워하지
않을 것은 주께서 나와 함께 하심이라 주의 지팡이와 막대기
가 나를 안위하시나이다." (시 23:4)

영화에서 참 인상적인 장면이 나옵니다. 그것은 죽음을 감지한 프리
처 더들리가 마지막으로 세상에 남길 유언으로 무엇을 남길까 고민하
다가 무슨 거창한 것이 아니라 매일 열심히 살려고 했던 그의 최선과
그만의 요리 비법인 오믈렛을 만드는 비결을 설명하는 것을 영상에 담
는 것을 택합니다.

하나님이 사용하시는 사람은 어떤 사람이고, 위기 가
운데서 세상을 구할 수 있는 사람은 누구입니까? 하나님의 주권과 계
획을 믿으며 지금 내게 주어진 일이 사소해 보일지라도 최선을 다해서
하나님 앞에 있는 삶을 사는 사람입니다.

# 조연이지만 주연

분명 프리처 더들리는 조연이었습니다. 그러나 이 영화에서는 주연이었습니다. 그만이 상어의 이빨에서 구원받았고, 그만이 상어를 죽였습니다. 그의 기도처럼 하나님은 프리처 더들리와 함께 있었고, 프리처 더들리는 상어를 물리치는 영적 전쟁의 도구로 사용되었습니다. 공교롭게도 프리처라는 그의 이름의 뜻은 설교자 혹은 목사란 의미입니다.

우리는 이땅을 어떻게 살아가야 합니까? 나 자신을 믿으며 나 자신의 능력으로 살아가시겠습니까? 그래서 세상이 요구하는 대로 야비한 방법과 불의, 거짓을 사용하면서도 부와 명예를 얻는 일에 최선을 다하시겠습니까? 아니면 하나님을 믿으며 하나님의 능력으로 살아가시겠습니까?

프리처 더들리는 조연이었고, 박사인 수잔, 상어 조련사인 카터, 연구재단의 프랭클린 등이 주연이었습니다. 그러나 프리처는 거기에서 숨겨진 주연으로 등장합니다. 영화상에서는 조연이고, 상영 시간에서 일부분만 등장하지만 분명 주연입니다. 오늘 우리도 마찬가지입니다. 지금의 우리가 조금 부족하고, 공부를 좀 못하고, 나이가 어리고, 가난하여서 다른 사람들에 비해 조연 혹은 엑스트라처럼 보이지만 우리가 예수를 믿고 있는 한 프리처 더들리처럼 우리는 주연입니다. 요리사 프리처 더들리 외에는 그곳에서 희망이 없는 것처럼 예수를 믿는 우리 외에는 희망이 없기 때문입니다.

그러므로 먼저 세상에서 예수를 믿는 사람으로 살아가십시오. 그것 외에 어떤 다른 방법도 우리를 구원하는 길, 세상을 구원하는 길은 존재하지 않기 때문입니다.

# 우리 원래 영웅적인 크리스천이었다

(마가복음 14:66-72)

## 스파이더 맨 2
(Spider-Man Ⅱ)

"누구나 자신만의 영웅을 가지고 있을거라 믿어. 자신을 정직하게 만들고 자신을 강하게 만들고 숭고하게 만들지. 그리고 마지막엔 사랑스럽게 죽어가겠지. 자신이 갈구하던 걸 포기할 수 있게 만들어 하기 싫어도 말이야. 스파이더맨은 사람들에게 그걸 보여준거야."

**원제_** Spider-Man Ⅱ
**감독_** 샘 레이미
**각본_** 데이비드 코웹
**출연_** 커스틴 던스트, 토비 맥과이어, 윌리엄 데포
**장르_** SF, 액션
**관람등급_** 12세 이상 관람가
**러닝타임_** 121분
**개봉년도_** 2002년

엄청난 초능력을 지닌 스파이더 맨, 그의 삶은 매우 근사했습니다. 경찰이 잡을 수 없는 범인을 간단히 잡아내고 총알이 난무하는 범행 현장에서도, 차가 뒤집히고 기차가 탈선하는 현장에서도 스파이더맨은 대단한 능력으로 모든 문제들을 해결하였습니다. 어린아이로부터 시작하여 모든 사람들의 영웅이 되었고 존경의 대상이 되는 것은 정말 아찔하도록 멋있는 일이었습니다.

## 크리스천으로 사는 것이 힘들다

스파이더맨의 실제적 삶은 엉망이었습니다. 스파이더맨의 가면 뒤에는 화려한 모습과 달리 스파이더맨으로 사는 것 때문에, 시간이 생명인 피자집 점원에서 잘리고, 대학 공부도 교수로부터 경고를 받는 등 형편없는 삶이 숨겨져 있었습니다. 사랑하는 여자가 있지만 다른 사람을 위해 일하는 것에 우선 순위를 두다보니 흔한 약속 시간 지키지 못하는 것 때문에 절교를 당합니다. 더욱이 돈이 없어서 방세 밀린 집에서 주인의 눈치를 보면서 살아야 했습니다. 정말 위기입니다. 언제나 멋있고 용감한 영웅이 되고 싶은데 현실은 너무나도 가혹하게 힘들었습니다. 스파이더 맨으로 사는 건 좋습니다. 하지만 삶이 문제였습니다. 이로 인해 영웅 스파이더맨은 심각한 정체성의 위기를 겪게 됩니다.

스파이더 맨으로 산다는 것은 현실과 다른 삶을 택하는 것을 의미합니다. 우선 스파이더맨으로 산다는 것은 언제나 선하고 정의로운 삶을 사는 것을 의미합니다. 처음 피터 파커가 스파이더 맨으로 살게 되었을 때 참 신났습니다. 마음껏 힘을 발휘하면서 정의 편에 서서 싸우는 것은 신나는 일이었습니다. 스파이더 맨 1편은 이처럼 분명하게 보이는 선과 악의 싸움을 다룬 영화였습니다. 하지만 지금 피터 파커가 고민하고 있다면 그것은 선과 악에 대한 문제가 아니라 자신의 정체성에 대한 고민으로 인한 자기 자신과의 싸움입니다.

이런 싸움의 모습은 우리가 예수님을 믿게 되면서 유사하게 벌어지는 문제입니다. 처음 예수를 믿으면서 멋있고 근사하게 헌신하고 결단할 때가 있습니다. 수련회나 부흥회에서 정말 주님의 편에 서서 살겠노라고 다짐할 때가 있습니다. 그런데 문제는 현실입니다. 현실은 내가 다짐한 것과 전혀 다른 삶인 경우가 많습니다. 분명히 주님 안에서 선한 것과 악한 것이 분명히 보이긴 하지만 세상은 선한 것만 추구하며 살 수 없다는 것을 곧 알게 됩니다.

그때 벌어지는 것이 정체성의 위기입니다. 그래서 위선적으로 이중적인 생활을 하든지 아니면 타협하고 신앙의 모습을 변질시키든지 아니면 주님을 포기하든지 아니면 계속 싸우면서 살아가든지 마지막으로 극복하든지 하는 것입니다. 대부분, 특히 초신자인 친구들은 주님을 포기하는 방법을 택합니다. 믿는 친구들의 상당수는 타협하여 자신의 몸에 맞는 신앙방법을 만들어내거나 이중적인 위선적 신앙의 형태를 택합니다. 그리고 나머지는 포기하지 않고 맹렬하게 치열한 싸움을 하는 것입니다.

# 제자들도 힘들었다

제자들의 경우를 보면 아주 명확합니다. 처음 베드로가 주님의 부르심을 받았을 때 매우 자신만만하게 주님을 좇았습니다. 성경은 "곧 그물을 버려 두고 좇으니라"(막 1:18)고 기록하고 있습니다. 정말 근사한 복종과 행동이었습니다. 하지만 이 모습이 베드로를 비롯한 제자들의 완전한 모습이 아닙니다. 삼 년 동안 함께 하였던 베드로의 예수님이 잡혀가던 그 현장에서의 모습은 비참하기가 이를데 없습니다. 그는 예수를 세 번이나 부인하는 중 한번은 예수를 저주하기까지 합니다. 그런 자신의 모습이 닭 울음소리를 들으면서 더욱 비참하게 느껴진듯 합니다. 베드로는 통곡하였습니다. (막 14:72) 마음과 달리 현실은 그렇지 않았던 것입니다. 생명이 위협받는 현실 앞에서 베드로는 무너진 것입니다. 베드로는 자신 안에 있는 주님을 좇고자 하는 마음과 자신이 처한 현실 사이에서 고민하다가 무너진 것입니다. 우리도 그렇게 현실 앞에서 무너집니다.

스파이더 맨 역시 스파이더 맨으로 사는 것과 자신을 위해 사는 것 사이에서 갈등합니다. 그 갈등은 그를 비참하고 무기력한 사람으로 전락시킵니다. 그리고 어느 날부터인가 스파이더맨은 초능력을 잘 사용할 수 없게 된 것을 발견합니다. 거미줄이 잘 나오지 않거나 몸의 파워가 현저히 약해진 것입니다. 그래서 병원을 찾아가서 상담합니다. 스파이더맨이 자신이 자꾸 벽에서 떨어지는 현상에 대하여 물었을 때 의사는 매우 중요한 대답을 합니다.

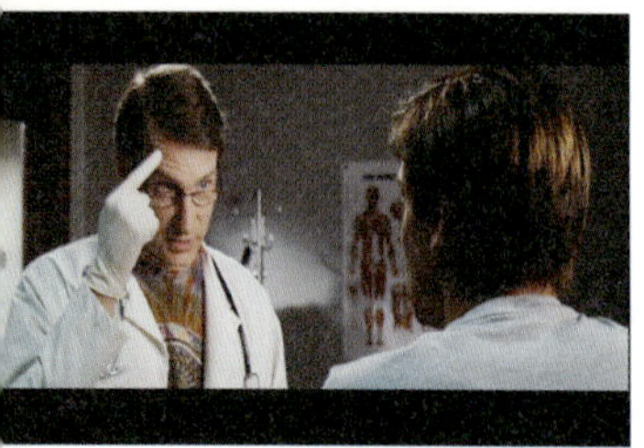

"당신이 벽을 오르는 스파이더맨이 되는 것을 기대하는 것이 아닐 수도 있어요. 그래서 계속 떨어지는 것입니다. 언제든지 선택할 수 있어요."

그러니까 스파이더맨으로 사는 것에 대한 괴로움, 피하고 싶은 마음의 움직임이 그의 정체성에 혼란을 가져온 것이고 그로 인해 자신의 능력을 제한하여 반응하기 때문에 힘이 약해졌다는 얘기였습니다. 한 마디로 말해 스파이더맨으로 살고 싶지 않았다는 말입니다. 무한히 희생해야 하는 자신이 싫었습니다. 언제나 착한 사람이 되어야 하고 선한 모습을 보여야 하는 모습이 싫어진 것입니다. 결국 스파이더 맨은 스파이더 맨으로 사는 것을 포기합니다. 삼촌과 약속한 책임있는 자의 삶을 사는 것을 포기합니다.

## 크리스천이 되는 것을 포기하다

사실 베드로가 예수님을 저주한 것은 주님의 제자로 사는 것을 포기한 것을 의미합니다. 완전히 포기하지 않았을지라도 타협하고 변질된 예수를 따르겠다는 의미였습니다. 다가온 현실이 너무 힘들어서 그렇습니다.

우리도 어느 순간엔가 타협한 크리스천이 되는 것을 선택합니다. 쉽고 편하게 살기를 결정합니다. 모두가 컨닝하는 현실 앞에서 컨닝하지 않는 나의 점수가 잘 나오지 않을 것 같아서 자기를 합리화하면서 자신이 컨닝하는 것을 묵인합니다. 친구를 왕따시키는 것이 잘못된 줄 알지만 자신이 왕따당하지 않기 위하여 그런 일에 함께 참여합니다.

이처럼 현실 앞에서 우리는 크리스천이라고 쓰여진 옷을 피터 파커가 쓰레기통에 스파이더 맨 옷을 버리는 것처럼 버립니다.

**예수를 믿으면 언제나 선하고 정직하고 바르고 깨끗해야 한다**는 것이 부담감으로 작용한 것입니다. 선과 악의 문제, 분명합니다. 그래서 처음에는 매우 확실하게 자르고 경계선을 긋고 살려고 시도하였습니다. 그런데 자신이 악과 죄의 문제에 늘 민감하게 반응하는 것을 보게 되거나 내가 즐기는 세상의 문화와 삶의 구조가 모두 내가 버리려고 하는 것과 연관되어 있는 것을 발견하게 될 때 우리는 슬그머니 크리스천이라는 표시를 버리는 것입니다.

그런데 문제는 거기서 발생합니다. 우리가 크리스천이라는 이름을 쓰레기통에 던질 때 크리스천의 파워는 사라지는 것입니다. 그래서 성경에 등장하는 초대교회의 전설적인 능력도 사라지고 만 것입니다. 수없이 많은 크리스천이 존재하지만 그 처음 능력은 사라지고 만 것입니다. 크리스천이란 이름이 쓰여진 옷들을 쓰레기통에 내동댕이쳤기 때문입니다. 근사하게 보이는 옷으로 갈아입었기 때문입니다. 세상 속에서 매우 관용적으로 삶을 살아가고 태도를 취합니다. 죄에 대한 단호함은 사라져가고 하나님의 자녀로 살아가는 방법도 매우 모호하거나 세상적으로볼 때 납득하기 쉬운 방법으로 바꿔 움직입니다.

# 상실시대의 이유

세상은 희망을 상실해가고 있습니다. 모범이 사라져서 그렇습니다. 그것은 진정한 파워를 가진 영웅들이 사라져 가기 때문입니다. 왜 예수를 믿으려 하지 않습니까? 왜 사람들이 교회로 오지 않습니까? 그 안에 파워 크리스천들이 없고 영웅들이 없기 때문입니다. 그래서 크리스천이 되려고 하지 않는 것입니다. 세상은 영웅을 원하고 있습니다. 영웅이었던 스파이더맨의 삶을 개인의 삶을 위해 포기하였던 피터 파커에게 하던 숙모의 얘기는 참 중요합니다.

"영웅이 필요하단다. 자신을 희생해 가면서 사람들을 구하고 모든 이에게 어떻게 해야 할지를 보여주지. 누구나 영웅을 좋아하지. 영웅을 받들고 찾고 그의 이름을 외치고… 서로가 얘기하겠지. 자기가 영웅과 같은 시대에 살아왔던 이야기를 말이야. 누구나 자신만의 영웅을 가지고 있을 거라 믿어. 자신을 정직하게 만들고 자신을 강하게 만들고 숭고하게 만들지. 그리고 마지막엔 자랑스럽게 죽어가겠지. 자신이 갈구하던 걸 포기할 수 있게 만들기 싫어도 말이야. 스파이더맨은 사람들에게 그걸 보여준 거야."

# 영웅이 필요하다

원래 크리스천이란 이름의 뜻은 영웅을 의미했습니다. 칼과 창의 위협에도 흔들리지 않는 용감한 용사들이었습니다. 세상이 감당할 수 없을 만큼 매우 분명하게 정의의 편에 서 있던 사람들이었습니다. 성경은 그 멋있는 영웅들을 이렇게 기록합니다.

"저희가 믿음으로 나라들을 이기기도 하며 의를 행하기도 하며 약속을 받기도 하며 사자들의 입을 막기도 하며 불의 세력을 멸하기도 하며 칼날을 피하기도 하며 연약한 가운데서 강하게 되기도 하며 전쟁에 용맹되어 이방 사람들의 진을 물리치기도 하며 여자들은 자기의 죽은 자를 부활로 받기도 하며 또 어떤 이들은 더 좋은 부활을 얻고자 하여 악형을 받되 구차히 면하지 아니하였으며 또 어떤 이들은 희롱과 채찍질 뿐 아니라 결박과 옥에 갇히는 시험도 받았으며 돌로 치는 것과 톱으로 켜는 것과 시험과 칼에 죽는 것을 당하고 양과 염소의 가죽을 입고 유리하여 궁핍과 환난과 학대를 받았으니 (이런 사람은 세상이 감당치 못하도다)" (히 11:33-38)

그런데 우리가 원래 그 영웅적 크리스천의 삶을 버린 것입니다. 힘들어서 편한 방법을 좇아가기 시작한 것입니다. 그때부터 예수를 흉내 낸 수없이 많은 가짜 영웅들이 등장한 것입니다. 세상은 거기에 속고 있는 것입니다. 그리고 크리스천과 교회는 힘을 잃고 만 것입니다. 무기력한 교회, 무기력한 크리스천, 소위 진실이 아니라 변종이 등장하고 만 것입니다. 변종이 진짜인 것처럼 판치는 세상이 되고 만 것입니다.

그래서 오늘 이 시대에는 영웅적인 크리스천이 필요합니다. 그런 꿈을 꿨으면 합니다. 정말 하나님이 마음껏 일을 맡기며 마음껏 사용할 수 있는 그런 사람이 필요합니다. 하나님은 바로 그 한 사람을 찾기를 원하시고 계심을 잊지 말아야 합니다. 아니 회복되길 원하십니다. 원래 크리스천이란 영웅적인 사람들이기 때문입니다.

# 우리는 묶여 살 수 없다

(마태복음 26:40-46)

## 치킨 런
(Chicken Run)

그러므로 주님이 말씀
하신 "함께 가자"는 말씀
속에는 당신의 일을
우리들에게 나누어
주어 함께 일하시길
원하시는 뜻이 숨겨져
있습니다. 그런 의미에서
우리는 주님의 파트너입니다.

**원제_** Chicken Run
**감독_** 피터 로드, 닉 파크
**출연_** 멜 깁슨, 줄리아 사왈하, 미란다 리차드슨
　　　 토니 헤이가스
**장르_** 모험, 코미디, 애니메이션
**개봉년도_** 2000년
**관람등급_** 전체관람
**러닝타임_** 84분

매우 잔인하고 자기 잇속만 차리는 트위디 부부
의 양계장. 아침 조회 시간마다 닭들은 늘
두려운 공포에 쌓입니다. 각자에게 할당된
달걀을 낳지 못하면 바로 죽음을 당하는 그
런 살벌한 감옥같은 생활이 영화의 배
경입니다. 그렇지만 모든 닭들은 자신의
처지에 순응하는 듯 보입니다. 그것이 세
상의 일상이기 때문입니다. 그것을 운명으로
받아들입니다.

그러나 유독 이쁜이 진저(줄리아 사왈라)만은 그같은 숙명적 사고에
빠져있는 동료들을 설득하고 끊임없이 탈출을 시도합니다. 땅굴을 파
기도 하고, 개들을 속이기 위하여 주인 트위디로 변장하기도 하고, 서
커스단에서 대포로 공중을 나는 묘기를 보이는 록키라는 닭에게 희망
을 걸어보기도 하는 등 수없는 탈출기도를 하지만 번번이 실패하였고
그때마다 진저는 쓰레기통 같은 독방에 감금되곤 합니다. 하지만 탈출
기도는 끊이지 않습니다.

## 진짜 철조망

그렇다면 왜 진저는 이처럼 수없는 탈출
을 감행하는 것입니까? 그것은 언젠가 쓸
모가 없어지면 자신이 통닭이 될 것을 알
고 있었기 때문입니다. 미래를 예측하고
있었기 때문입니다. 동시에 진저는 지금
살고 있는 양계장 밖에는 새롭고 멋있는
세상이 있다는 것을 알고 있었기 때문입니

다. 그래서 그는 탈출에 대해 부정적으로 생각하는 동료들에게 이렇게
말합니다.

**"진짜 철조망은
너희들 머리 속에 있어.
닭장 바깥엔
멋진 세상이 있다구."**

진저의 탈출기도는 더 나은 세계가 존재한다는 것을 알았기 때문입니다. 그래서 이대로 살 수 없었던 것입니다. 대다수의 닭들이 생각하는 것처럼 언젠가는 좋아지겠지라고 생각하지도 않았습니다. 양계장 속에 있는 한 미래는 뻔하다는 것을 안 것입니다.

아더 밀러가 지은 작품 중에「세일즈맨의 죽음」이 있습니다. 대충 이런 내용입니다. 세일즈 맨 윌리 로오만은 사람들로부터 호감을 사고 또한 부지런히 일하기만 한다면 언젠가는 성공한 세일즈맨이 될 것이라고 생각합니다. 그래서 그는 열심히 일을 하였고, 그런 기대감을 가지고 할부로 집도 샀습니다. 그런 그에게는 착한 아내 린다와 사랑하는 두 아들이 있었고, 희망이 가득 있었습니다. 그런데 나이가 들어갈수록 희망은 점점 절망으로 바뀌기 시작했습니다. 나중에는 별로 쓸모 없는 세일즈 맨으로 회사에서 평가받기 시작하였고 삼십 여 년 근무한 회사에서 해고를 당합니다. 뿐만 아니라 자신이 믿었던 아들들도 기대에 어긋나는 삶을 삽니다. 그에게 남은 것은 깊은 절망감과 답답함 그리고 오랜 세월동안의 피곤함이었습니다. 결국 그가 선택한 것은 자동차 사고로 죽는 죽음이었습니다.

그렇습니다. 많은 사람들은 조금은 방법이 다를지는 모르지만 이같은 삶의 방법으로 살다가 떠납니다. 그리고 살아가면서도 '시간이 지

나가면 행복해질 것이다'라고 자기 자신에게 최면을 걸고 점을 치고 행운을 기대하면서 살아갑니다. 어떻게 하다보면 성적이 좋아지겠지, 시험을 잘 볼 수 있겠지라고 소망합니다. 그러나 우리가 바른 행로로 걸어가고 있지 않다면 우리는 반드시 세일즈 맨의 죽음처럼 불행한 마지막에 이를 것입니다.

## 닭대가리 크리스천

진저는 바로 그것을 알고 있었습니다. 이처럼 최후를 알고 있었던 진저는 끊임없이 탈출을 시도한 것입니다. 그리고 시간이 지나가면서 정해진 최후는 현실로 다가오기 시작합니다.

양계장 주인 트위디 부인의 음모였습니다. 그녀는 달걀을 팔아서 조금씩 돈을 벌기보다는 닭들을 치킨 파이로 만들어 팔아 엄청난 돈을 챙기려는 야심찬 계획을 세운 것입니다. 이를 위해 치킨 파이를 만드는 기계를 구입하고 조립을 시작합니다. 그리고 조립이 끝나는 날 닭들은 모두 죽는 운명에 이르게 될 것입니다. 그러나 이것을 닭들은 알지 못합니다. 사실이 그렇습니다. 트위디부인이 자신의 남편에게 닭이 어떤 존재인지를 이렇게 말합니다.

"닭들을 달리 닭대가리라고 하는지 알아요? 닭들은 음모나 모의를 꾸밀 수 없어요. 닭이야말로 이 세상에서 당신을 제외하곤 가장 멍청한 생물이에요."

우리도 우리 앞을 모릅니다. 그런 의미에서 닭들과 다를
바 없는 사람들이 아닙니까? 트위디 부인의 얘기는 사단이 우리에게
속삭이는 음성처럼 들립니다. 사단은 우리를 우습게 압니다. 어쩌면 우
리를 닭대가리 정도로 취급하고 있을 것입니다. 우리의 행동만 본다면
능히 그렇게 취급할 것입니다.

예수님과 함께 감람산에서 기도할 때 제자들은 아무런 심각성도 모
르고 있었습니다. 그랬기에 그들은 피와 땀을 흘리시면서 기도하는 예
수의 기도 소리를 들으면서도 잠을 잘 수 있었습니다. 주님은 그들이
깨어 있기를 원했지만 깨어 있을 수 없었습니다. 제자들의 눈은 감겨
져 있었고 아무 것도 볼 수 없고 예측할 수 없는 닭대가리였던 것입니
다.

결국 제자들은 예수님이 그렇게 당부하였고 예언하였음에도 불구하
고 주님을 세 번이나 부인하고 그 중에 한 번은 저주한 베드로나, 나
약하게 뿔뿔이 흩어져 도망친 제자들의 모습은 닭대가리라고 불리워도
할 말이 없습니다. 닭대가리만도 못한 모습, 그것이 제자들의 모습이었
습니다.

그래서 사단은 우리를 무시합니다. 그리고 우리는 아무
것도 모른 채 살아갑니다. 그러나 곧 우리 앞에 더 이상 돌이킬 수 없
는 절망이 올 것입니다. 깨어 있지 않으면 우리는 곧 그 날에 직면하
여 비참한 눈물과 후회를 하게 될 것입니다.

## 우리가 날고 있니?

그렇게 부탁하였음에도 불구하고 깊은 잠에 빠져있던 제자들에게 주
님이 하신 말씀은 마음은 원이지만 육신이 약하다는 위로와 함께 "함
께 가자"는 말씀이었습니다. 한심하고 답답한 제자들을 쉬이 버릴 수

도 있었지만 주님은 같이 가지고 말씀하셨습니다.

왜 주님은 함께 가자고 말씀하셨습니까? 물론 말씀 그대로 자신을 잡으려고 찾아오는 가룟 유다와 제사장 무리에게 가자는 의미도 있지만 "내가 길을 제시할 테니까 나를 따라오라"는 뜻이 숨어 있다고 생각합니다. 당연히 우리가 보지 못하기 때문입니다.

**이 세상 모든 사람들은 소경들입니다.** 앞을, 미래를 볼 수가 없습니다. 모두가 한계적인 존재이기 때문입니다. 하지만 우리의 존재가 우연이 아니라 하나님의 창조 안에 있고 우리를 향한 계획이 있다면 우리는 그저 자신만을 생각하는 닭대가리를 가진 사람들로 살 수 없습니다. 당연히 우리는 진저와 같이 세상을 바르게 인도하고 진리로 인도하는 사람이 되기를 시도해야 합니다. 그것이 우리의 소원이어야 합니다.

그러므로 주님이 말씀하신 "함께 가자"는 말씀 속에는 당신의 일을 우리들에게 나누어 주어 함께 일하시길 원하시는 뜻이 숨겨져 있습니다. 그런 의미에서 우리는 주님의 파트너입니다. 이 세상을 변화시키고 하나님의 뜻이 이 땅에 이루어지기를 기대하면서 사는 의미에서 말입니다. 함께 가자는 말씀의 의미는 우리들 모두가 한 맘으로 걸어가는 것을 말합니다. 미움이나 분노, 용서하지 못함과 자기 주장이 아니라 서로 용납하고 사랑하며 서로를 존중함으로 함께 가자는 의미에서 그렇습니다.

드디어 닭들은 진저의 지휘 아래 탈출을 결심하고 비행기를 만들기 시작합니다. 맥은 엔지니어로, 뱁스는 설계를 파울러는 비행 감독관으로 번티는 쥐들에게 부품을 구해다주는 댓가로 쥐들에게 달걀을 주는 지원관으로...

이처럼 그들은 모두 합력하여 비행기를 만듭니다. 불가능한 일을 그들은 이루어냅니다. 그들은 드디어 탈출에 성공한 것입니다.

그들이 양계장을 넘어 날아가면서 서로에게 흥분하며 묻던 물음이 생각납니다. "Are we flying now?" "우리가 지금 날고 있니?" 그들은 자신들이 대견스러웠던 것입니다. 자신들이 자랑스러웠던 것입니다

그렇게 비겁하고 겁 많았고 유약했던 제자들은 예수님의 부활과 오순절 이후 점점 강한 사람들로 바뀌어 갑니다. 어느 날 산헤드린 공회에 불려가 심한 매질을 당하고 분명한 경고를 받은 후에도 제자들은 오히려 예수 "그 이름을 위하여 능욕받는 일에 합당한 자로 여기심을 기뻐하면서"(행 5:41) 공회를 떠났다고 기록하고 있습니다. 매를 맞으면서 "기뻐했다" 이런 이야기입니다.

"Are we flying now?" "우리가 주님과 함께 있는 거니?" "우리도 쓸모있는 거니?" "우리가 구실을 제대로 하고 있는 거니?" "주님이 기뻐하고 계신 거니?" "Are we flying now?"

자신들이 주님과 함께 하고 있다는 대견함에서 나온 기쁨이었던 것입니다.

# 토요일을 기다리는 아이

(요한복음 6:5-11)

## 코러스

(Les Choristes)

"저 바다를 어루만지듯
갈매기가 가볍게 앉고
물속에 잠긴 깨진 바위틈
한순간 부는 겨울 미풍
마침내 사위어가는
당신 찬 숨결
저 멀리 높은 산 속으로
바람 마주하고
당신 날개 펼쳐"

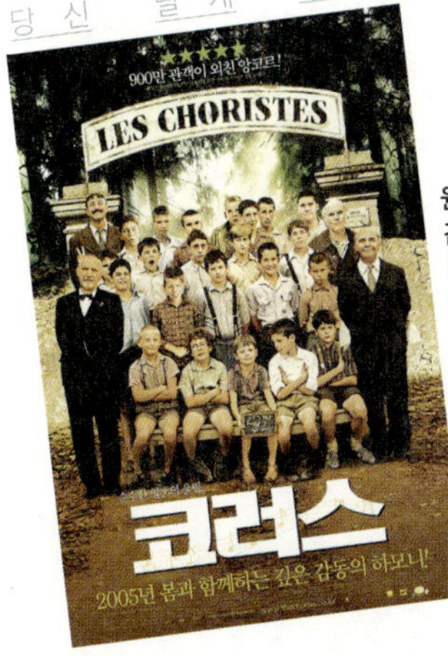


**원제_** Les Choristes
**감독_** 크리스토퍼 파라티에
**각본_** 데이비드 코웹
**출연_** 제라르 쥐노, 프랑수와 벨레앙,
　　　장-밥티스테 모니에
**장르_** 드라마
**관람등급_** 전체관람가
**러닝타임_** 97분
**개봉년도_** 2005년

　2차 세계 대전 직후 고아들과 부모의 관심에서 멀어진 아이들 그리고 문제아들만 모여있는 최저 기숙학교인 퐁드레탕 학교. 그들은 마치 죄를 범한 것처럼 취급당했고, 소년원과 같이 함부로 외부 출입도 안 되는 곳에서 그 아이들은 모두 싹수가 노란 아이로 평가받고 있었습니다. 그래서 그 아이들에게서 아무런 희망도 갖지 않는 교장 선생은 오직 체벌을 원칙으로 학교를 운영하고 있었습니다.

　그같은 학교에 작곡가인 음악 선생 마티유가 부임합니다. 마티유 선생이 처음 이 학교로 부임할 때 정문에서 한 아이를 만나는데, 그 아이는 토요일만 되면 아버지를 기다리는 페피노였습니다. 그런데 마티유 선생이 부임하는 날은 토요일도 아니었지만 기다리고 있었습니다. 페티노에게 있어서는 모든 날이 토요일이었습니다. 그만큼 기다림으로 가득하다는 뜻이었습니다.

# 토요일을 기다리는 아이

　토요일을 기다리는 페티노, 그는 아버지를 기다리고 있습니다. 그런데 사실 그 아버지는 오지 않습니다. 아니, 올 수가 없습니다. 이유는 전쟁에서 죽었기 때문입니다. 그것을 얘기하여도 페티노는 기다립니다. 응답되지 않는 기다림. 그럼에도 왜 페티노는 기다리는 것일까요?

　기다린다? 그것은 꿈을 꾸는 일이었습니다. 기다리는 동안 아버지는 죽은 것이 아니었습니다. 그 아이는 아버지가 죽었다는 현실을 인정하고 싶지 않았습니다. 만일 인정한다면 순식간에 자신을 살게 하는 근거인 아버지라는 꿈이 사라지는 것을 의미했기 때문입니다. 그러므로 기다리는 것은 꿈을 꾼다는 말이고, 기다리는 것은 꿈의 의지를 말하는 것이었습니다.

토요일을 기다리는 페티노, 그것은 퐁드레탕 학교의 아이들을 상징하는 이미지로 보입니다. 사실 그들 모두는 기다리고 있었습니다. 무엇인지 모르지만 기다리고 있었습니다. 하지만 표면적으로 볼 때 페피노와 달리 상당수의 아이들은 기다리지 않았습니다. 토요일을 기다리지 않는 아이들, 그것은 희망이 없는 것이었습니다. 희망의 부재, 그래서 그들에게서 흘러나오는 것은 폭력, 반항, 비웃음 그리고 좌절같은 것뿐이 있었습니다.

이렇게 희망을 상실한 아이들, 그들에게 출구는 존재하지 않아 보였습니다. 그들은 모두 새장 속에 있었던 것입니다. 그렇다면 희망은 어디에서 오는 것일까요?

이렇게 희망을 상실한 아이들, 그들에게 출구는 존재하지 않아 보였습니다. 그렇다면 희망은 어디에서 오는 것일까요? 비록 희망을 가진 선생 마티유가 부임했지만 희망은 여전히 없어 보였습니다. 어떻게 희망을 전해야 할지 도무지 알 수가 없었습니다. 하지만 마티유 선생은 포기 하지 않았습니다. 무엇이든지 희망을 줄 수 있는 것을 찾았습니다. 그러던 어느 날 아이들이 기숙사에서 떠들면서 자신을 대머리 선생이라고 놀리며 부르는 노랫소리에서 마티유 선생은 희망을 발견합니다. Crane dobus dobus tes foutu / Ici c'est pas toi qui la loi(간 도뒤 도뷔 데 포뛰/ 이시 세 빠 뚜아 뀌 쁘아 라 루아)

이상하게 그 노랫소리는 마티유 선생 안에서 아름다운 노래로 들립니다. 그는 흥분해서 잠을 이룰 수 없습니다. 휘파람을 부르면서 이렇게 일기장에 적습니다.

"날 놀린 짧은 소곡, 서툴지만 아이들이 노래를 불렀다. 괜찮은 목소리도 있었는데 아이들에게 뭔가 해줄 순 없을까? 작곡은 두 번 다시 하지 않기로 했는데, 결심이야 바꾸면 그만! 일단은 해 볼 가치가 있다."

마티유 선생은 아이들의 진정성을 가지고 작지만 소중하게 보듬어 품었습니다. 그리고 그들 안에 노래를 심었습니다. 그 진정성과 사랑 앞에서 그 아이들은 그 선생님을 통하여 희망을 말하기 시작합니다. 참 근사한 일입니다.

## 하나님이 일하시는 방법

참 아름답습니다 그런데 아십니까? 하나님도 언제나 이렇게 일하십니다. 5000명을 먹인 기막힌 사건이 아무도 관심갖지 않았던 어린아이의 오병이어에서 시작된 것처럼, 어거스틴이 시장에서 떠드는 아이들의 음성에서 하나님의 음성을 들었던 것처럼 늘 하나님은 아무도 찾지 못하는 구석진 곳에 피어있는 들꽃처럼 오십니다. 그렇게 일하십니다

언제나 하나님이 집중하는 것은 지금 내가 가지고 있는 것입니다. 작고 보잘 것 없을지라도 지금 있는 것을 소중하게 여깁니다. 그 작은 것으로 늘 일하십니다. 그 당시만 하더라도 아이들이 어른들이 있는 곳에 찾아오는 것을 귀찮아 했던 것 같습니다. 그래서 한때 제자들은 아이들이 주님께 가까이 오는 것을 막기도한 것을 성경에서

찾을 수 있습니다.(마 19:14) 그렇다면 오병이어를 가지고 나올 때에도 예외는 아니었을 것입니다. 늘 빵 살 돈을 생각하고 있는 그들에게 어린아이는 거추장스러운 모습에 불과했을 것이기 때문입니다. 그러나 주님은 감격해 했습니다. 읽고 또 읽어도 감동스럽습니다.

"여기 웬 아이가 보리빵 다섯 개와 작은 물고기 두 마리를 가지고 있습니다마는... 그 때 예수께서는 손에 빵을 드시고 감사의 기도를 올리신 다음, 거기에 앉아 있는 사람들에게 달라는 대로 나누어주시고 다시 물고기도 그와 같이 하여 나누어 주셨다." (공동번역/요 6:9,11)

오병이어의 아름다움은 아이의 진정성과 소망과 사랑의 나눔이었을 것입니다. 늘 그렇게 하나님의 나라는 이루어집니다. 그래서 주님은 언제나 진정성을 가지고 있고 오직 미래의 소망으로 가득 차 있는 아이들에게 천국을 소유할 수 있는 이들이라고 말한 것일 것입니다. "어린이들이 나에게 오는 것을 막지 말고 그대로 두어라. 하늘 나라는 이런 어린이와 같은 사람들의 것이다." (공동번역/마 19:14)

마티유 선생의 진정성과 소망과 사랑의 나눔은 아이들에게 희망을 갖게 합니다. 우리는 여기서 세상을 바꾸는 힘이 무엇인지를 빨리 발견해야 합니다. 그것은 진정성, 소망 그리고 사랑입니다. 오늘날 이 시대의 비극은 이런 것들이 사라지고 없다는데 있을 것입니다. 정직하거나 바르지 못한 세상, 늘 세속적 성공과 물질적 관심으로 진정한 소망이 사라지고 돈과 성공이 소망이 되어버린 세상, 그런 세상에 사랑이 없어져 버린 척박함. 오늘 우리가 세상을 만나고 세상에게 얘기해야 하는 것은 진정성, 소망, 사랑입니다.

　　그런데 마티유 선생이 그것을 주고 있었던 것입니다. 그 아이들이 부르는 근사한 그들의 노래를 들어보겠습니다. 그 목소리에 희망이 배어나오기 시작합니다.

"저 바다를 어루만지듯
갈매기가 가볍게 앉고
물속에 잠긴 깨진 바위틈
한순간 부는 겨울 미풍
마침내 사위어가는
당신 찬 숨결
저 멀리 높은 산 속으로
바람 마주하고
당신 날개 펼쳐
잿빛 서쪽 하늘
무지개 길 찾아
그럼 봄이 모습 드러내죠
조용히 – 바다위로 –"

## 종이 비행기

　　하지만 영화는 속상하게 진행됩니다. 어느 날 노래하는 아이들 때문에 포상받게 된 교장선생이 잠깐 도시로 나간 사이에 마티유 선생은 새장같은 곳에 있는 아이들을 데리고 금지된 야외 수업을 감행합니다. 그런데 그 사이에 도둑으로 몰려 오해받았던 몽당이란 아이가 기숙사에 불을 냅니다. 마티유 선생은 관리 소홀과 학칙 위반등의 징계로 파면을 통보받습니다. 그리고 교장은 아무도 마티유에게 작별인사도 하지 못하도록 교장은 아이들에게도 징계를 내립니다.

그래서 어느 누구도 마티유 선생을 만날 수 없었습니다. 쓸쓸히 학교를 나서야 했습니다. 어느 누구도 얼굴과 얼굴을 마주대고 볼 수 없었지만 큰 성곽같은 곳의 창으로 손만 보이며 던지는 사랑의 편지를 담은 종이비행기들, 그것은 이미 그들이 더 이상 새장 속에 갇혀 있는 새들이 아니라 무한히 자유롭고 가능성을 품은 꿈의 사람들이 되었음을 의미했습니다.

**가끔 오병이어를 가져왔던 아이는** 그 후 어떻게 되었을까하는 생각을 해봅니다. 어떻게 주님을 위해서 일했는지 알 수는 없지만 그 아이는 평생 이 기억을 가지고 살았을 것입니다. 사람들이 보잘 것 없게 여기던 오병이어가 얼마나 중요하고, 그것을 품고 있는 자신이 얼마나 가치있는 존재인지를 알았을 것입니다. 다른 것은 몰라도 새장에 갇혀있는 채 자신을 제한하면서 살지는 않았을 것입니다. 자유롭게 종이비행기를 날렸을 것입니다.

## 토요일을 기다릴 필요가 없다

마티유가 떠나기 위해 기다리던 버스 정류장, 버스를 타려할 때 나타난 아이는 토요일만 되면 아버지를 기다리는 페피노였습니다. "절

데려가주세요" 페피노가 말하였습니다. 페피노는 더 이상 토요일을 기다릴 필요가 없었던 것입니다. 바로 마티유 선생이 자신이 기다리던 토요일의 사람이었기 때문입니다. 그렇게 선생님과 떠나던 날이 바로 토요일이었습니다. 매일 토요일을 기다리면서 문앞에 앉아 있는 일이 이젠 필요 없었던 것입니다.

세상엔 아직도 토요일을 기다리는 사람들이 많습니다. 토요일날 자신이 원하고 소망하는 일이 이루어지기 때문이 아닙니다. 아직도 만나고 싶고 보고 싶은 사람, 토요일의 사람이 있기 때문입니다. 세상에 어떤 종류의 즐거움과 말하는 희망으로도 희망이 생기지 않기 때문에 막연하게라도 토요일을 기다리고 있는 것입니다. 하지만 시대의 비극은 더 이상 토요일을 기대하지 않는 사람들이 많아진다는 것입니다. 희망이 사라진 것입니다. 그래서 난폭, 거짓, 불법 그리고 쾌락, 비웃음이 이 땅에 가득해져 가는 것입니다.

이 세상에 필요한 것은 크고 대단한 것이 아닙니다. 그저 오병이어를 가진 아이, 마티유 선생의 마음같은 진정성과 사랑 그리고 소망이 있으면 됩니다. 그것이 오늘 우리가 가져야 할 종이비행기일 것입니다. 세상이 읽어야 할 우리의 편지일 것입니다. 그 편지를 보면서 사람들은 토요일을 기다리게 될 것입니다. 희망을 갖게 될 것입니다.

4부



# 청소년들이 볼 영화 40편

1

제목: **꼬마 돼지 베이브**
감독: Chris Noonan
출연: 제임스 크롬웰,
　　　마그다 즈밴스키
개봉: 1996-01-13

2

제목: **아름다운 비행**
감독: 캐롤 발라드
출연: 제프 다니엘스,
　　　안나 파킨
개봉: 1997-01-04

3

제목: **타이타닉**
감독: 제임스 카메론
출연: 레오나르도 디카프리오,
　　　케이트 윈슬렛
개봉: 1998-02-20

4

제목: **코러스**
감독: 크리스토퍼 파라티에
출연: 제라르 쥐노
　　　프랑수와 벨레앙
개봉: 2005-03-03

5

제목: **시스터 액트 2**
감독: 빌 듀크
출연: 우피 골드버그
　　　캐시 나지미
개봉: 1994-04-23

6

제목: **스파이더맨 1**
감독: 레이미(Sam Raimi)
출연: 토비 맥과이어
　　　커스틴 던스트
개봉: 2004-06-30

7

제목: **스파이더맨 2**
감독: 샘 레이미
출연: 토비 맥과이어
　　　커스틴 던스트
개봉: 2004-06-30

8

9

제목: **존 큐**
감독: 닉 카사베츠
출연: 덴젤 워싱턴,
　　　로버트 듀발
기타 : 2002-03-15 개봉

제목: **집으로**
감독: 이정향
출연: 김을분, 유승호
기타: 2002-04-05

10

제목: **아이 엠 샘**
감독: 제시 넬슨
출연: 숀 펜, 미쉘 파이퍼,
개봉: 2002-10-18

11

제목: **가족**
감독: 이정철
출연: 수애, 주현
개봉: 2004-09-03

**12**

제목: **천국의 아이들**
감독: 마지드 마지디
출연: Bahare Seddiqi,
　　　Mohammad-Hasan
개봉: 2001-03-17

**13**

제목: 브루스 올마이티
감독: 톰 새디악
출연: 짐 캐리,
　　　모간 프리먼
개봉: 2003-07-11



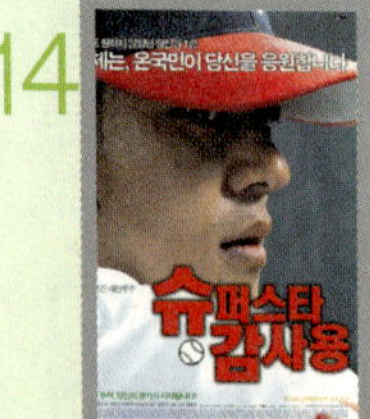

**14**

제목: **슈퍼스타 감사용**
감독: 김종현
출연: 이범수, 윤진서
개봉: 2004-09-17

**15**

제목: **죽은 시인의 사회**
감독: 피터 위어
출연: 로빈 윌리암스,
　　　로버트 숀 레너드
개봉: 1990-05-19

**16**

제목: **홀랜드 오퍼스**
감독: 스티븐 헤렉
출연: 리차드 드레이퍼스
　　　글렌 헤들리
개봉: 1996-03-23

**17**

제목: **곰이 되고 싶어요**
감독: 야니크 하스트럽 출
출연: 오토 브랜덴버그,
　　　앤 클로슨
개봉: 2004-01-30

**18**

제목: **쉰들러 리스트**
감독: 스티븐 스필버그
출연: 리암 니슨,
　　　벤 킹슬리
개봉: 1994-03-05

**19**

제목: **사운드 오브 뮤직**
감독: 로버트 와이즈
출연: 줄리 앤드류스,
　　　크리스토퍼 플러머
개봉: 1995-09-30

## :: 훈련의 중요성 ::

20

21

제목: **프린세스 다이어리**
감독: 게리 마샬
출연: 앤 헤서웨이
　　　헤더 마타라조
개봉: 2001-09-28

제목: **엠퍼러스 클럽**
감독: 마이클 호프만
출연: 케빈 클라인,
　　　스티븐 컬프
개봉: 2003-03-07

## :: 크리스천의 정체성 ::

22

23

24

25

제목: **불의 전차**
감독: Hugh Hudson
출연: 니콜라스 파렐,
　　　니젤 하버스
개봉: 1981

제목: **포레스트 검프**
감독: 로버트 제멕키스
출연: 톰 행크스,
　　　로빈 라이트
개봉: 1994-10-15

제목: **슈렉**
감독: 앤드류 아담슨, 비키 젠슨
출연: 마이크 마이어스,
　　　에디 머피, 카메론 디아즈
개봉: 2001-07-06

제목: **마스크 오브 조로**
감독: 마틴 캠벨
출연: 안토니오 반데라스,
　　　안소니 홉킨스
기타: 1998-10-03 개봉

## :: 우리의 은사 ::

26

27

제목: **빌리 엘리어트**
감독: 스티븐 달드리
출연: 줄리 월터스,
　　　게리 루이스
개봉: 2001-02-17

제목: **스쿨 오브 락**
감독: 리차드 링클레이터
출연: 잭 블랙, 조안 쿠삭,
　　　마이크 화이트
개봉: 2004-02-27

**28**

제목: **치킨 런**
감독: 피터 로드, 닉 파크
출연: 멜 깁슨, 줄리아 사왈하
개봉: 2000-12-16

**29**

제목: **이집트 왕자**
감독: 브렌다 샤프먼
출연: 산드라 블록,
　　　 랄프 파인즈
개봉: 1998-12-19

**30**

제목: **사이먼 버치**
감독: 마크 스티븐 존슨
출연: 조셉 마젤로,
　　　 올리버 플랫
개봉:　1999-11-20

**31**

제목: **턱시도**
감독: 케빈 도노반
출연: 성룡,
　　　 제니퍼 러브 휴잇
개봉: 2002-11-01

**32**

제목: **딥 블루 씨**
감독: 레니 할린
출연: 세프론 버로우스,
　　　 토마스 제인
기타: 1999-09-11 개봉

**33**

제목: **리멤버 타이탄**
감독: 보아즈 야킨
출연: 덴젤 워싱톤,
　　　 윌 패튼
개봉: 2001-04-14

**34**

제목: **아름다운 세상을 위하여**
감독: 미미 레더
출연: 케빈 스페이시, 헬렌 헌트
기타: 2001-02-17 개봉

**35**

**제목: 딥 임팩트**
감독: 미미 레더
출연: 로버트 듀발,
테이어 레오니
개봉: 1998-05-16

**36**

**제목: 몬테 크리스토 백작**
감독: 케빈 레이놀즈
출연: 제임스 카비젤,
가이 피어스
개봉: 2002-03-15

**37**

**제목: 말아톤**
감독: 정윤철
출연: 조승우, 김미숙, 이기영
기타: 2005-01-27 개봉

:: 악과 죄의 문제 ::

**38**

**제목: 스타워즈 에피소드 3**
감독: 조지 루카스
출연: 이완 맥그리거,
헤이든 크리스텐슨
개봉: 2005-05-26

**39**

**제목: 센과 치히로의 행방불명**
감독: 미야자키 하야오
출연: 사와구치 야스코,
가슈인 타츠야
개봉: 2002-06-28

**40**

**제목: 반지의 제왕**
감독: 피터 잭슨
출연: 일라이저 우드,
이안 맥켈런
개봉: 2002-12-13

* "이 영화 봤니?"에 포함되지 않은 나머지 영화들에 대한 내용은
다음의 책을 참조 하십시오.

_하정완, 영화에서 주님을 만나다 [규장]
_하정완, 영화의 바다로 [예찬사]
_하정완, 주님과 함께 떠나는 영화 여행 [교회성장 연구소]

청.소.년.을. 위.한. 강.추. 영.화.

# 이 영화 봤니?

지은이 / 하정완
펴낸이 / 이충섭
꾸민이 / 성상건
편집디자인 / 김인애
펴낸날 / 2005년 6월 20일
펴낸곳 / 도서출판 나눔사
주소 / (우) 122-943
서울특별시 은평구 진관내동 529-1
전화 / 02) 359-3429, 359-3453
팩스 / 02)355-3429
등록번호 / 1988년 2월 16일 제 2-489호
판권 본사 소유
ISBN / 89-7027-029-03680

값 7,000원